Manuel Löbach

Leasing

Eine Betrachtung der betriebswirtschaftlichen Aspekte

**Löbach, Manuel: Leasing: Eine Betrachtung der betriebswirtschaftlichen Aspekte,
Hamburg, Igel Verlag RWS 2015**

Buch-ISBN: 978-3-95485-297-0
PDF-eBook-ISBN: 978-3-95485-797-5
Druck/Herstellung: Igel Verlag RWS, Hamburg, 2015

Bibliografische Information der Deutschen Nationalbibliothek:
Die Deutsche Nationalbibliothek verzeichnet diese Publikation in der Deutschen
Nationalbibliografie; detaillierte bibliografische Daten sind im Internet über
http://dnb.d-nb.de abrufbar.

© Igel Verlag RWS, Imprint der Diplomica Verlag GmbH
Hermannstal 119k, 22119 Hamburg
http://www.diplomica.de, Hamburg 2015
Printed in Germany

Inhaltsverzeichnis

Gesetzesverzeichnis

BGB (2002): Bürgerliches Gesetzbuch vom 2.1.2002 (BGBl. I S. 42), zuletzt geändert durch Gesetz vom 14.8.2006 (BGBl. I S. 1897) mit Wirkung vom 18.8.06

EStG (2002): Einkommenssteuergesetz vom 19.10.2002 (BGBl. S.4212)

GewStG (2002): Gewerbesteuergesetz vom 15.10.2002 (BGBl. I S. 4168)

HGB (1897): Handelsgesetzbuch vom 10.5.1897 (RGBl. S. 219), zuletzt geändert durch Gesetz vom 12.7.2006 (BGBl. I S. 1458) mit Wirkung vom 19.7.2006

Gesetz zur steuerlichen Förderung von Wachstum und Beschäftigung vom 26.04.2006, BGBl. 2006 I, S. 1091

InsO (1994): Insolvenzordnung vom 5.10.1994 (BGBl. I S. 2866), zuletzt geändert durch Gesetz vom 22.3.2005 (BGBl. I S. 837) mit Wirkung vom 1.4.2005

Rundschreiben des Bundesministeriums der Finanzen, IV D 2 – S 1551 – 188/00, betr. AfA-Tabelle für die allgemein verwendbaren Anlagegüter vom 15.12.2000

VerbrKrG (1990): Verbraucherkreditgesetz vom 17.12.1990 (BGBl. I S. 2840), Aufgehoben durch Gesetz vom 26.11.2001 (BGBl. I S. 3138) mit Wirkung vom 1.1.2002

Abbildungsverzeichnis

Tabellenverzeichnis

Abkürzungsverzeichnis

AfA	Absetzung für Abnutzung
AGB	Allgemeine Geschäftsbedingungen
AO	Abgaben-Ordnung
AV	Anlagevermögen
betr.	betreffend
BFH	Bundes-Finanzhof
BGB	Bürgerliches Gesetzbuch
BGBl.	Bundesgesetzblatt
BGH	Bundes-Gerichtshof
BMF	Bundesministerium für Finanzen
bzw.	beziehungsweise
d.h.	das heißt
eff.	effektiv
EK	Eigenkapital
EU	Europäische Union
etc.	et cetera
evtl.	eventuell
FK	Fremdkapital
GewStG	Gewerbesteuergesetz
GK	Gesamtkapital (EK+FK)
GoB	Grundsätze ordnungsgemäßer Buchführung
GuV	Gewinn- und Verlustrechnung
GV	Gesamtvermögen
HGB	Handelsgesetzbuch
IdW	Institut der Wirtschaftsprüfer
IAS	International Accounting Standards
IASB	International Accounting Standards Board
IASC	International Accounting Standards Committee
IFRS	International Financial Reporting Standards
inkl.	inklusive
InsO	Insolvenzordnung

IOSCO	International Organization of Security Exchange Commissions
KFZ	Kraftfahrzeug
max.	maximal
mind.	mindestens
Mio.	Millionen
Mrd.	Milliarden
MwSt	Mehrwertsteuer
nom.	nominal
NYSE	New York Stock Exchange
p.a.	per annum
s.	siehe
SEC	Securities and Exchange Commission
sog.	sogenannt
Soli	Solidaritätszuschlag
s. u.	siehe unten
RGBl.	Reichsgesetzblatt
Tab.	Tabelle
u. a.	unter anderem
US-GAAP	US-Generally Accepted Accounting Standards
v. Chr.	vor Christus
VerbrKrG	Verbraucherkreditgesetz
z. B.	zum Beispiel

Anlagenverzeichnis

1 Einleitung

Immer mehr Unternehmen gehen dazu über, Maschinen und andere Betriebsmittel nicht mehr durch Kauf als Objekt des Anlagevermögens zu erwerben, sondern sich nur deren Nutzung für einen definierten Zeitraum mittels Leasing zu sichern. Denn entscheidend für die Erreichung des Produktionsziels im Unternehmen ist nicht die rechtliche Stellung des Maschinennutzers als Eigentümer, sondern lediglich das Vorhandensein des Betriebsmittels an sich. Diese Erkenntnis ist nicht erst in unserer modernen Zeit entstanden. Bereits 350 v. Chr. schrieb Aristoteles folgende Erkenntnis auf: „Der Reichtum besteht vielmehr im Gebrauch als im Eigentum" (zitiert nach SPITTLER 1999, 3). Trotz fehlender schriftlicher Aufzeichnungen ist davon auszugehen, dass bereits die Sumerer einige Jahrtausende v. Chr. leasing-ähnliche Geschäfte tätigten. Das kommerzielle Leasing der Neuzeit startete 1877 in den USA, als die Bell Telephone Company zur Förderung des Absatzes dazu überging, den Kunden die Nutzung von Telefonen gegen monatliches Entgelt zu ermöglichen, ohne dass diese gekauft werden mussten (vgl. SPITTLER 1999, 3).

Leasing ist in der Regel eine Form der langfristigen Fremdfinanzierung, bei der Leasingnehmer und –geber ein für einen festgelegten Zeitraum geltendes miet- oder pachtähnliches Verhältnis eingehen (vgl. OLFERT/RAHN 1997, 556). Diese Finanzierungsform soll für ein Unternehmen in mehrerer Hinsicht vorteilhaft sein. Zum einen wird das Eigenkapital geschont. Liquidität fließt nur parallel zum Produktionsprozess ab und nicht als ein großer Betrag beim Kauf (pay as you earn). Weiterhin soll ein steuerlicher Effekt erreicht werden, da die Leasingausgaben bei korrekter Gestaltung des Leasingvertrages in voller Höhe als Betriebsausgaben absetzbar sind. Außerdem kann das Unternehmen in regelmäßigen Abständen über neue Produktionsmittel auf dem aktuellen Stand der Technik verfügen (vgl. SCHULZ 2006, 104f.).

Diese Arbeit beschäftigt sich nun mit dem Themenkomplex Leasing. Dieser soll aus unterschiedlichen betriebswirtschaftlichen Blickwinkeln betrachtet und analysiert werden. Gleichzeitig soll kritisch hinterfragt werden, ob Leasing im Vergleich zum Kauf eines Anlagegutes wirklich die Vorteile bietet, mit denen es von der Leasingindustrie beworben wird. Dies ist insbesondere unter dem Hintergrund zu betrachten, dass die auftretenden Leasinggesellschaften mit ihrer Geschäftstätigkeit (fast) immer eine Gewinnerzielungsabsicht haben.

1.1 Historische Entwicklung des Leasing

Wie im vorherigen Kapitel bereits ausgeführt startete das moderne Leasing der Neuzeit unter dem Motto „Vermieten statt Verkaufen". Gerade im Bereich hochpreisiger Investitionsgüter konnten die Unternehmen so ihren Vertriebs- und damit Absatzerfolg deutlich verbessern (vgl. KRATZER 2005, 9). Allerdings blieb das Volumen derartiger Geschäfte zunächst gering. Nur wenige Hersteller setzten diese rein absatzpolitisch motivierte Maßnahme ein. Das Jahr 1952 brachte eine entscheidende Wende, da in San Francisco mit der United States Leasing Corporation die erste unabhängige Leasinggesellschaft gegründet wurde. Anders als bisher war das Vermieten von Wirtschaftsgütern kein Bestandteil der Marketing-Strategie eines Hersteller-Unternehmens, sondern wurde zum originären Geschäftszweck eines hersteller-unabhängigen Unternehmens. Die Geschäftsidee bestand darin, den Herstellern die Vermietung und Finanzierung der Wirtschaftsgüter abzunehmen. In gewisser Weise stellt dies einen frühen Ansatz hin zum aktuellen Trend des Outsourcings dar. Die erste deutsche Leasinggesellschaft wurde 1962 mit der Deutschen Leasing GmbH in Düsseldorf gegründet (vgl. SPITTLER 1999, 3f).

Parallel zur Entstehung der Leasinggesellschaften wurde das Bilanz- und Steuerrecht dem neuen Finanzierungsinstrument entsprechend weiterentwickelt. Im Jahre 1970 schaffte ein Urteil das BFH und ein Erlass des BMF Klarheit, wie Leasing steuerlich zu behandeln ist (vgl. SPITTLER 1999, 127ff.). Anschließend erlebte das Leasing in Deutschland einen wahren Boom. So wuchs die Leasing-Industrie in den 70er Jahren des vorigen Jahrhunderts achtmal schneller als das Bruttosozialprodukt. In den 80er Jahren entdeckte dann die Automobil-Industrie das Leasing zur Verstärkung des Fahrzeugabsatzes. Fast alle Hersteller gründeten in dieser Zeit eigene Leasing-Töchter. Diese boten neben der reinen Finanzierung des Fahrzeugs auch weitere Serviceleistungen an, bis hin zum „Full-Service"-Leasing, bei dem sämtliche Wartungs- und Reparaturarbeiten im Leasingvertrag mit enthalten sind. Zusätzlich rückte auch der Privatkunde in den Blickpunkt.

Die 90er Jahre waren zunächst durch einen Gründungsboom in den neuen Ländern nach der Wiedervereinigung geprägt. Bei vielen Neugründungen spielte Leasing auf Grund der knappen Eigenkapitalverhältnisse eine wichtige Rolle. In der folgenden gesamtwirtschaftlichen Rezession 1993/94 stagnierte das Geschäft und konnte seitdem nie wieder an seine historischen Wachstumsraten anknüpfen (vgl. KRATZER 2005, 9ff.)

1.2   Aktuelle Situation des Leasings in Deutschland

Das ifo-Institut in München hat in seiner jährlichen Umfrage für den Bundesverband Deutscher-Leasing-Unternehmen 2004 ein Neugeschäfts-Volumen von 47,0 Mrd. € für die gesamte Leasing-Branche ermittelt. Die gesamtwirtschaftlichen Investitionen betrugen in diesem Jahr insgesamt 262,3 Mrd. €, so dass die Gesamt-Leasingquote in diesem Jahr 17,9 % betrug. Fast ein Viertel (24,1 %) aller neuen mobilen Investitionsgüter und 5,7 % aller Bauinvestitionen (ohne Wohnungsbau) wurden per Leasing finanziert. Die Quote des Mobilienleasings lag nur noch knapp 5 % unter der des Weltmarktführers USA. Insgesamt hält der seit den 70er Jahren bestehende Trend zum verstärkten Einsatz von Leasing als Finanzierungsinstrument an (s. Abb. 1).

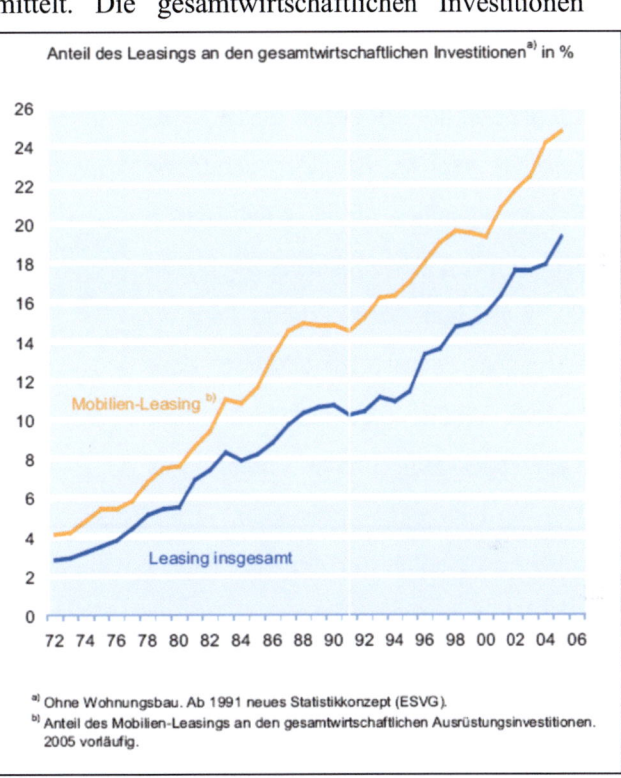

Abb. 1: Leasingquoten BRD, Quelle: IFO 2005, 7

Das Hauptleasinggut mit einem Anteil von 56,3 % an den Gesamt-Leasinginvestitionen waren KFZ. Bezogen auf die Stückzahl wurde ein Drittel (31,1 %) aller neu zugelassenen KFZ auf diese Weise finanziert. Bezogen auf das Investitionsvolumen betrug der Anteil jedoch 61,1 %, woraus man schließen kann, das vor allem hochpreisigere Fahrzeuge als Firmen- und Geschäftsfahrzeuge geleast wurden. Weitere bedeutende Leasingbereiche waren die Produktionsmaschinen und die Büromaschinen inkl. EDV. Die Verteilung auf die einzelnen Wirtschaftsgüter ist aus Abb. 2 ersichtlich.

Bei einer Sektorbetrachtung lag 2004 der Dienstleistungssektor mit 35,3 % Anteil vorne. Die Bereiche verarbeitendes Gewerbe (19,2 %) und Handel (11,7 %), die in der Vergangenheit eine dominierende Rolle bei den mittels Leasing finanzierten Investitionen spielten, nehmen im Zeitverlauf zunehmend ab. Der private Sektor hat einen Marktanteil von 10,0 %, der fast ausschließlich durch KFZ-Leasing geprägt ist. Der staatliche Sektor hat seinen Anteil in den letzten Jahren mit Wachstumsraten von bis zu 60 % auf nun 4,5 % erhöht. Dies ist vor allem dadurch zu erklären, dass Polizei und Bundeswehr ihre Fahrzeugflotten immer mehr auf

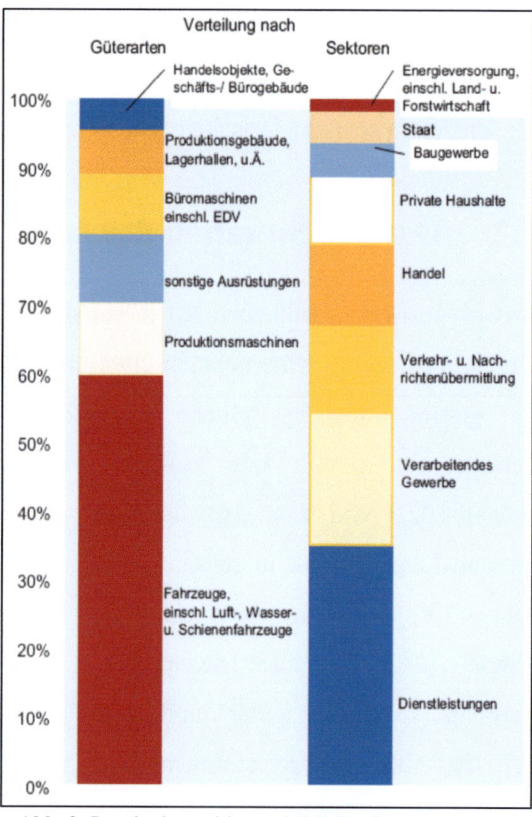

Abb. 2: Leasinginvestitionen 2004, Quelle: IFO 2005, 8

Leasing-Fahrzeuge umstellen. Hierdurch und durch den Einsatz des bisher unterentwickelten Instruments Public Private Partnership, also die private Finanzierung und Durchführung öffentlicher Infrastrukturprojekte, wird der Anteil des Staatssektors in Zukunft weiter zunehmen, da die öffentliche Hand einer der größten Investoren in Deutschland ist. Die Verteilung auf die Sektoren ist ebenfalls der Abb. 2 zu entnehmen.

Im Bereich des Immobilien-Leasings liegt die Leasing-Quote mit 5,7 % am Geamtvolumen der Bauinvestitionen ohne Wohnungsbau deutlich unter der des Bereichs der mobilen Wirtschaftsgüter. In diesem Bereich treten aber zahlreiche starke Konkurrenten wie Versicherungen und Pensionskassen, offene und geschlossene Immobilienfonds, Bauträger, Besitzgesellschaften etc. auf. Der Gesamt-Anteil aller Investitionen im Bausektor, der durch Mietfinanzierungsformen erfolgt, liegt bei ca. 30 % (vgl. IFO 2005, 1ff.)

Im Jahre 2003 zählte man in Deutschland ca. 2100 Leasinggesellschaften. Davon waren allerdings nur ca. 250 Unternehmen als große Leasinggesellschaften (Neugeschäftsvolumen > 25 Mio. €, Nominalkapital > 500.000 € und deutschlandweite Vertriebsorganisation) einzuschätzen. Bedingt durch einerseits Fusionen und Übernahmen, sowie andererseits Refinanzierungsschwierigkeiten kleinerer Unternehmen wird die Anzahl der Leasinggesellschaften in Deutschland in den nächsten Jahren tendenziell wieder abnehmen (vgl. KRATZER 2005, 13).

2   Verträge im Leasing

Nach der Betrachtung der historischen Entwicklung und der aktuellen Marktsituation in Deutschland soll im nun folgenden Abschnitt der Begriff des Leasings genauer bestimmt werden. Danach werden die einzelnen Formen und Vertragsarten des Leasings genauer erläutert.

2.1   Definition von Leasing

Der Begriff Leasing wird in der Literatur vielschichtig verwendet. Auch in der Praxis sind sehr viele verschiedene Varianten des Leasings anzutreffen. Laut Wöhe ist „...der Begriff des Leasing-Vertrages weder in der juristischen noch in der wirtschaftswissenschaftlichen Literatur eindeutig und abschließend geklärt" (WÖHE 2002, 698). Spittler versteht als Sammelbeschreibung für alle Arten der Leasing-Verträge den „...eigentumslose[n] Gebrauch von Wirtschaftsgütern..." (SPITTLER 1999, 3). Perridon/Steiner verstehen „unter Leasing [...] die entgeltliche Nutzungsüberlassung eines Wirtschaftsguts auf Zeit durch Finanzierungsinstitute und andere Unternehmen, die das Vermietungsgeschäft gewerbsmäßig betreiben". Weiterhin stellen sie fest, dass hierunter „...Vertragsgestaltungen subsumiert [werden], die vom normalen Mietvertrag bis zum verdeckten Raten-Kaufvertrag reichen" (PERRIDON/STEINER 2004, 459). Auch Olfert/Reichel definieren den Leasingvertrag als „...ein für einen bestimmten Zeitraum abgeschlossenes miet- oder pachtähnliches Verhältnis zwischen einem Leasing-Geber und einem Leasing-Nehmer..."(OLFERT/REICHEL 2005, 342). Im Gegensatz zum klassischen Mietverhältnis nach BGB, das jederzeit unter Einhaltung gewisser Fristen kündbar ist, hat ein Finanzierungs-Leasingvertrag (s. u.) eine feste Grundmietzeit, in der für beide Seiten das Kündigungsrecht ausgeschlossen ist. Außerdem trägt der Leasingnehmer im Gegensatz zum Mieter weitergehende Risiken und Kosten wie z. B. das Investitionsrisiko oder das Risiko des zufälligen Untergangs, aber auch Wartungs- und Versicherungskosten etc. (vgl. PERRIDON/STEINER 2004, 459f.).

Das Leasing ist als eine Sonderform der Fremdfinanzierung anzusehen. Da der Großteil der Leasingverträge Laufzeiten von mehreren Jahren hat, ist es dem Bereich der langfristigen Fremdfinanzierung anzusiedeln. In der Literatur wird es zudem den sog. Kreditsubstituten zugeordnet, die als Ersatz für die traditionellen, von Kreditinstituten angeboten Formen der Fremdfinanzierung eingesetzt werden (vgl. OLFERT/REICHEL 2005, 336ff.).

2.2 Formen des Leasing

Um unterschiedliche Bedürfnisse zu befriedigen, haben sich in der Wirtschaft verschiedene Formen des Leasings herausgebildet. Diese lassen sich nach folgenden Kriterien klassifizieren:

- Leasinggeber
- Verpflichtungscharakter des Leasingvertrag
- Leasingobjekt

Im folgenden sollen die einzelnen Klassen näher erläutert werden.

Die konkrete Ausgestaltung der verschiedenen Leasingverträge orientiert sich dabei fast immer am deutschen Steuerrecht. Nur wenn bestimmte Kriterien, die das BMF in mehreren Erlassen niedergeschrieben hat, erfüllt sind, wird das Leasinggut dem Leasinggeber bilanziell zugerechnet. Diese bilanzielle Zurechnung beim Leasinggeber ist aber zwingend dafür erforderlich, dass die gesamte Leasingrate steuermindernd als Betriebsausgabe abgesetzt werden kann (vgl. KRATZER 2005, 37ff.)

2.2.1 Unterscheidung nach dem Leasinggeber

Wie in der historischen Betrachtung bereits erwähnt traten zu Beginn als Leasing-geber die Hersteller der Wirtschaftsgüter selber auf. Diese Form des Leasings wird als <u>direktes Leasing</u> bezeichnet und vorwiegend aus absatz-politischen Zwecken einge-setzt. Beim <u>indirekten Leasing</u> hingegen ist zwischen Her-steller und Leasingnehmer noch eine unabhängige

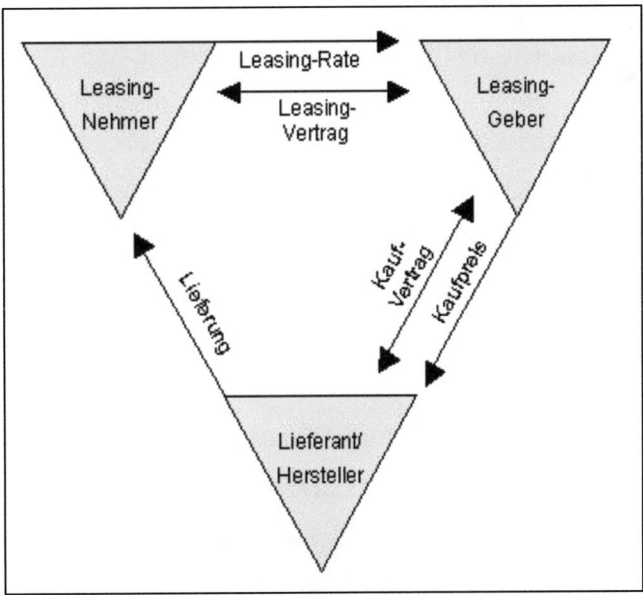

Abb. 3: Dreiecksverhältnis der Vertragsparteien, Quelle: EIGENE DARSTELLUNG

Leasing-Gesellschaft als Leasinggeber zwischengeschaltet. Diese erwirbt im Auftrag des Leasingnehmers das zu leasende Wirtschaftsgut und stellt es diesem zur betrieblichen Nutzung zur Verfügung. Gleichzeitig entrichtet sie an den Hersteller den Verkaufspreis und vereinnahmt vom Leasingnehmer die Leasingraten (vgl. OLFERT/REICHEL 2005, 343). Das entsprechende Dreiecksverhältnis ist in Abb. 3 dargestellt.

Als Leasinggeber können auch Tochterunternehmen des Herstellers auftreten. Dies ist z. B. in der KFZ-Branche üblich. Ob dieser Fall dann dem direkten oder indirekten Leasing zuzuordnen ist, lässt die Literatur allerdings offen.

2.2.2 Unterscheidung nach dem Verpflichtungscharakter des Leasingvertrag

Hier sind zwei verschiedene Klassen zu unterscheiden:

Operate-Leasing: Diese Leasingform ist von beiden Seiten jederzeit unter Einhaltung gewisser Fristen kündbar. Sie entspricht somit dem normalen Mietvertrag gemäß BGB. Auch ist üblicher weise keine Grundmietzeit fest vereinbart. Der Leasinggeber trägt weitestgehend die Risiken der Investition, so z.B. das Risiko der Entwertung durch technischen Fortschritt (vgl. PERRIDON/STEINER 2004, 459). Diese Leasingform eignet sich für Leasingnehmer, die das entsprechende Wirtschaftsgut nur für einen begrenzten Zeitraum nutzen wollen, z.B. für ein umgrenztes Projekt oder zur Anpassung an Kapazitäts- und Auslastungsschwankungen (vgl. KRATZER 2005, 24).

Financial-Leasing: Diese Leasing-Form hat überwiegend langfristigen Charakter. Im Gegensatz zum vorher genannten Operate-Leasing ist vertraglich eine unkündbare Grundmietzeit vereinbart und der Leasingnehmer übernimmt typische Eigentümer-risiken, wie z.B. die Überalterung auf Grund technischen Fortschritts oder den Wegfall der Verwendungsmöglichkeit des Leasingobjekts. Die unkündbare Grundmietzeit ist regelmäßig kürzer als die maximale betriebsgewöhnliche Nutzungsdauer, jedoch meistens länger als die Hälfte dieser Zeit. Da der Leasinggeber vertraglich geregelt die Gefahrtragung auf den Leasinggeber überträgt, eignet sich diese Leasingform auch für nicht marktgängige Wirtschaftsgüter oder solche, die speziell für den Leasingnehmer gefertigt wurden (Spezial-Leasing) (vgl. WÖHE 2002, 698ff.). Für den Verbleib der Leasingsache nach Ablauf der Grundmietzeit gibt es verschiedene Varianten, die im nächsten Abschnitt besprochen werden. Da die Form des Financial-Leasing, die in der Praxis überwiegend auftretende ist, wird im weiteren Verlauf dieser Arbeit auch nur noch diese behandelt.

Bei der besonderen Variante des <u>Sale and Lease Back-Verfahrens</u> verkauft der Leasingnehmer ein in seinem Besitz befindliches Wirtschaftsgut (meistens Immobilien oder Produktionsanlagen) an den Leasinggeber und least dieses sofort zurück. So können gebundenes Kapital freigesetzt und Liquiditätsengpässe überbrückt werden, wobei aber das Wirtschaftsgut weiterhin im Unternehmen als Produktionsfaktor verbleibt (vgl. PERRIDON/STEINER 2004, 460).

2.2.3 Unterscheidung nach dem Leasingobjekt

Auch nach dem dem Leasing-Vertrag zu Grunde liegenden Objekt können verschiedene Formen unterschieden werden. Olfert unterscheidet hier z.B. in <u>Konsumgüterleasing</u> und <u>Investitionsgüterleasing</u>, wobei anzumerken ist, dass es sich im ersten Fall fast immer um langlebige und hochpreisige Konsumgüter handelt. Weiter differenziert er in <u>Equipment-Leasing</u>, wo nur ein einzelnes Wirtschaftsgut dem Leasing-Vertrag zu Grunde liegt, und dem <u>Plant-Leasing</u>, wo sich der Vertrag auf ganze Industrieanlagen inkl. Zubehör erstreckt (vgl. OLFERT 2005, 343). Ferner kann zwischen <u>Mobilien-Leasing</u> und <u>Immobilienleasing</u> unterschieden werden. Wird das Objekt speziell für den Leasingnehmer angefertigt und existiert ansonsten dafür kein oder nur ein sehr enger Markt, spricht man von <u>Spezialleasing</u> (vgl. KRATZER 2005, 14).

2.3 Vertragsarten von Leasing

Prinzipiell kann zwischen <u>Vollamortisationsverträgen</u> und <u>Teilamortisationsverträgen</u> unterschieden werden. Hierfür bedeutend ist, ob der Leasinggeber schon während der Grundmietzeit seine Anschaffungs-/Herstellungskosten, sowie seine Nebenkosten, Finanzierungskosten und seinen Gewinn durch die an ihn zu entrichtenden Raten decken kann. Ist dies der Fall, liegt ein Vollamortisationsvertrag vor. Der Begriff des Teilamortisationsvertrages ist dagegen insofern irreführend, als dass der Leasinggeber natürlich seine kompletten Kosten zuzüglich Gewinn gedeckt haben will. Dies passiert aber nur zum Teil während der Grundmietzeit, deshalb der Name Teilamortisationsvertrag. Die volle Amortisation für den Leasinggeber erfolgt erst durch weitere Regelungen am Ende der Grundmietzeit (vgl. KRATZER 2005, 37ff.).

2.3.1 Vollamortisationsverträge

Diese Verträge werden in der Literatur auch als Full-pay-out Verträge bezeichnet. Die ersten Leasingverträge waren grundsätzlich so konzipiert. Aber auch in der heutigen Zeit sind sie noch anzutreffen, insbesondere bei Wirtschaftsgütern, die schnell an Wert verlieren und am Ende der Laufzeit keinen nennenswerten Verwertungserlös mehr bringen (z.B. EDV-Anlagen oder Kopiergeräte). Bei Immobilien sind Vollamortisationsverträge aktuell nicht mehr anzutreffen, da diese fast immer am Ende der Grundmietzeit noch über einen bedeutsamen Restwert verfügen. Unterschieden werden kann bei Vollamortisationsverträgen danach, welche Möglichkeiten für die weitere Nutzung nach Ende der Grundmietzeit vereinbart sind.

- **Vollamortisationsvertrag ohne Optionsrecht**. Hier ist der Leasingnehmer verpflichtet das Leasingobjekt nach dem Ende der Grundmietzeit an den Leasinggeber zurückzugeben. Er hat dabei keine Möglichkeit, auf die weitere Verwertung Einfluss zu nehmen.

- **Vollamortisationsvertrag mit Kaufoption**. Bei dieser Vertragsvariante hat der Leasingnehmer das Recht das Leasingobjekt zu einem vorher festgelegten Kaufpreis am Ende der Grundmietzeit zu erwerben. Der Kaufpreis entspricht dabei dem Restwert laut AfA-Tabelle oder dem niedrigeren gemeinen Wert zum Zeitpunkt der Veräußerung.

- **Vollamortisationsvertrag mit Mietverlängerungsoption**. Hier hat der Leasingnehmer das Recht das Mietverhältnis nach Ablauf der Grundmietzeit fortzusetzen. Die Höhe der Mietzahlung orientiert sich am nun deutlich niedrigeren Wertverzehr während der Verlängerungsperiode (vgl. SPITTLER 1999, 29ff.) und fällt so meistens deutlich niedriger aus. Meistens liegt sie bei ca. 10 % der Grundmiete (vgl. PERRIDON/STEINER 2004, 461).

In der Praxis sind auch Verträge anzutreffen, die sowohl eine Kaufoption, als auch eine Verlängerungsoption beinhalten, sowie die Möglichkeit, das Leasingobjekt am Ende der Grundmietzeit an den Leasinggeber zurückzugeben (vgl. KRATZER 2005, 40).

2.3.2 Teilamortisationsverträge

Bei dieser Vertragsart, auch Non-pay-out-Verträge genannt, sind an den Leasinggeber während der Grundmietdauer noch nicht seine gesamten Kosten inkl. Gewinnzuschlag zurückgeflossen. Deshalb sichert sich dieser den noch nicht amortisierten Kostenblock durch entsprechende Optionen gegenüber dem Leasingnehmer ab. Dadurch trägt er dann kein Verwertungsrisiko, wenn der Verwertungserlös des Leasingobjekts für die Vollamortisation nicht ausreicht. Folgende Optionen sind in der Praxis anzutreffen:

- **Teilamortisationsvertrag mit Andienungsrecht**. Bei diesem Vertragstyp kann der Leasingnehmer meistens eine Verlängerungsoption nutzen. Tut er dies nicht, so kann der Leasinggeber dem Leasingnehmer das Wirtschaftsgut zu einem vorher vertraglich festgelegten Preis andienen. Der Leasingnehmer ist dann verpflichtet, den Gegenstand auch zu diesem Preis abzunehmen. Macht der Leasinggeber von diesem Recht keinen Gebrauch, ist der Leasingnehmer verpflichtet das Leasingobjekt an ihn nach Ablauf der Grundmietzeit zurückzugeben. Für den Leasinggeber ist durch das Andienungsrecht auf jeden Fall gewährleistet, dass er durch die Weiterverwertung des Leasingobjekts seine noch nicht amortisierten Kosten decken kann. Für den Leasingnehmer besteht hingegen das Risiko, dass sich, sollte der Marktpreis deutlich unter dem vertraglich vereinbarten Kaufpreis liegen, das Leasing im Nachhinein verteuert.

- **Teilamortisationsvertrag mit Mehrerlösbeteiligung des Leasingnehmers**. Bei dieser Vertragsgestaltung wird das Leasingobjekt nach Ablauf der Grundmietzeit entweder vom Leasinggeber selber oder vom Leasingnehmer gemäß dessen Weisung veräußert. Ein etwaiger Mehrerlös gegenüber dem kalkulierten Restamortisationsbetrag wird zwischen beiden aufgeteilt. Aus steuerlichen Gründen darf dabei der Anteil des Leasingnehmers maximal 75 % am Mehrerlös betragen. Liegt der Veräußerungserlös allerdings unter dem vereinbarten Restamortisationsbetrag, so ist der Leasingnehmer zum vollen Ausgleich verpflichtet. Bei dieser Vertragsgestaltung hat der Leasingnehmer demnach ein eigenes wirtschaftliches Interesse an der Pflege und dem Werterhalt des Leasingobjekts, da er dadurch die Höhe seiner Gesamtzahlung beeinflussen kann.

- **Kündbarer Leasingvertrag**. Bei dieser Vertragsart wird der Leasingvertrag auf unbestimmte Zeit geschlossen. Er kann vom Leasingnehmer gekündigt werden.

Dieses Recht wird aus steuerlichen Gründen in der Praxis aber erst nach 40 % der betriebsgewöhnlichen Nutzungsdauer eingeräumt. Für den Fall der Kündigung wird bei Vertragsabschluss eine nach Gesamtlaufzeit des Vertrages gestaffelte Abschlusszahlung vereinbart. Diese Abschlusszahlung sorgt dafür, dass der Leasinggeber jederzeit den noch nicht amortisierten Teil seiner Kosten erhält. Im Kündigungsfall verwertet der Leasinggeber das Leasingobjekt. Den dabei erzielten Nettoerlös rechnet er dem Leasingnehmer anteilig meistens zu 90 %) auf seine Abschlusszahlung an. Schließt der Leasingnehmer einen neuen, vergleichbaren Leasingvertrag mit demselben Leasingnehmer ab, rechnet dieser in der Praxis die verbleibenden 10 % als Bonus auf den neuen Vertrag an. Dieser Vertragstyp bietet dem Leasingnehmer den Vorteil, dass er nach Ablauf der Mindestlaufzeit jederzeit auf den technischen Fortschritt reagieren kann und in diesem Falle sofort auf ein neues, verbessertes Modell umsteigen kann (vgl. SPITTLER 1999, 33ff.).

Beim Leasing von Immobilien gelten für die Teilamortisationsverträge teilweise andere Bedingungen. So darf die beim Mobilienleasing typische Abwälzung der Gefahrtragung vom Leasinggeber auf den Leasingnehmer hier keine Anwendung finden (vgl. KRATZER 2005, 42f.). Auch andere Details, auf die ich hier aus Platzgründen nicht näher eingehen will, differieren.

2.4   Rechtliche Aspekte

Im Zusammenhang mit Leasingverträgen gibt es einige rechtliche Aspekte, die beachtet werden müssen. Im Rahmen dieses Abschnitts sollen einige der wichtigsten kurz exemplarisch beleuchtet werden.

Der BGH hat sich seit Anfang der 70er Jahre des letzten Jahrhunderts in einer Vielzahl von Fällen mit diversen Fragestellungen rund um den Leasingvertrag auseinandersetzen müssen. Im Laufe der Zeit hat er dann aus Einzel-Kasuistiken eine dogmatische Struktur zur Behandlung derartiger Verträge entwickelt. Verallgemeinernd wurde dann in einem Urteil vom 9.10.1985 (BGH 9.10.1985 – VIII ZR 217/84) festgestellt, dass Finanzierungs-Leasingverträge überwiegend nach dem Mietrecht beurteilt werden müssen. In diesem Zusammenhang ist es wichtig zu beachten, dass das Mietrecht nach BGB ein dispositives Recht ist. Es ist also als Grundlage und Rechtsrahmen für die individuelle Vertragsgestaltung zu sehen. Die Zuordnung zum Mietrecht wird in der einschlägigen Literatur daraus abgeleitet, dass die Leistung des Leasinggebers der „usus rei" (Nutzungsüberlassung) und nicht die „res" (Sache) ist. Die Leasingraten, die der Leasingnehmer dem Leasinggeber auf Basis des Leasingvertrages zahlt, sind in dem Zusammenhang auch als „pro usu rei" und nicht „pro res" anzusehen. Die Nutzungsüberlassung des Leasinggegenstandes begründet zwischen beiden Parteien ein Dauerschuldverhältnis, welches für einen Mietvertrag typisch ist. In einem späteren Urteil hat der BGH dann noch weiter klargestellt, dass sich ein Finanzierungs-Leasingvertrag nicht ausschließlich auf die Finanzierungsfunktion beschränkt oder diese gänzlich im Vordergrund steht. Deshalb muss ein solcher Vertrag nach Mietrecht behandelt werden. Dem BGH ist aber bewusst, dass es sich um einen atypischen Mietvertrag handelt, da hier regelmäßig ein Dreiecksgeschäft zwischen Hersteller, Vermieter und Mieter vorliegt, bei dem die Funktion des Vermieters gewöhnlich auf die Finanzierung der Gebrauchsnutzung durch den Mieter beschränkt ist.

Im Rahmen der allgemeinen Geschäftsbedingungen (AGB) sind bei Leasingverträgen oftmals Klauseln zu finden, die dem normalen BGB-Mietrecht widersprechen, aber höchstrichterlich nicht beanstandet wurden. So finden sich regelmäßig Klauseln zum Gewährleistungsausschluss, Instandhaltungs- und Instandsetzungspflichten oder Klauseln zur Versicherungspflicht. In einigen Punkten wird der Leasingnehmer einem Käufer gleichgestellt. Bei den Instandhaltungs- und Instandsetzungspflichten muss der Leasingnehmer für den Erhalt des korrekten Zustand des Leasingobjektes selber Sorge tragen, anders als im Mietrecht, wo dies Aufgabe des Vermieters ist. Es ist auch zu beachten, dass die AGB-Klauseln in Leasingverträgen dem AGB-Gesetz unterliegen.

Bei Leasinggeschäften mit Verbrauchern ist stets das Verbraucherkreditgesetz (VerbrKrG) zu beachten. Hier sind Regelungen wie z.B. die Schriftformerfordernis (§ 4 Abs. 1 Satz 1 VerbrKrG) oder das Widerrufsrecht innerhalb einer Woche (§ 7 VerbrKrG) zu beachten. Unter das VerbrKrG können aber auch Unternehmer in der Gründungsphase fallen.

Ein weiterer Rechtsbereich, der im Zusammenhang mit Leasingverträgen eine wichtige Rolle spielt ist die Insolvenzordnung (InsO). Die seit dem 1.1.1999 gültige InsO, die die bis dato geltende Konkursordnung abgelöst hat, versucht zunächst die Sanierung und Fortführung des Unternehmens zu ermöglichen. Hieraus leitet sich in der Folge ab, dass für Leasingverträge ab Antrag auf Eröffnung des Insolvenzverfahrens die Kündigungsmöglichkeit seitens des Leasinggebers eingeschränkt ist. Das Unternehmen soll in seinen Sanierungsbestreben nicht durch Entzug des Leasinggegenstandes gegen den Willen des Insolvenzverwalters gehindert werden. Als Kündigungsgrund kann der Leasinggeber nicht mehr den Zahlungsverzug vor Antrag des Verfahrens heranziehen oder die Verschlechterung der Vermögensverhältnisse des Leasingnehmers. Nach Eröffnung des Insolvenzverfahrens kann der Insolvenzverwalter auf einem Fortbestehen des Leasingvertrages bestehen, solange er die Leasingraten aus der Insolvenzmasse in voller Höhe weiterbezahlt. Kommt er hiermit nun in Verzug, kann der Leasinggeber den Leasingvertrag kündigen und die Herausgabe des Leasingobjekts verlangen. Die noch offenen Forderungen kann der Leasinggeber aber nur noch als Insolvenzgläubiger geltend machen und wird diese evtl. nicht in voller Höhe befriedigt bekommen.

Nicht nur der Leasingnehmer kann einen Antrag auf Eröffnung des Insolvenzverfahrens stellen, sondern auch der Leasinggeber. In der Mehrzahl der Fälle hat der Leasinggeber den Kauf des Leasinggutes über ein Kreditinstitut oder eine andere Finanzinstitution refinanziert und in diesem Zusammenhang die Forderungen aus den Leasingraten an den Refinanzierer abgetreten. Durch einen später hinzugefügten Satz 2 in § 108 Abs. 1 InsO wurde sichergestellt, dass die an ein Finanzinstitut zur Refinanzierung abgetretenen Leasingforderungen insolvenzfest sind. Von daher besteht hier keine Gefahr für das refinanzierende Finanzinstitut. Im Falle der Insolvenz des Leasinggebers ist allerdings noch nicht abschließend geklärt, was mit im Zusammenhang mit dem Leasingvertrag vereinbarten Nebenleistungen wie Wartungs- und Serviceverträgen passiert. Dies wird in der Literatur noch diskutiert (vgl. SPITTLER 1999, 69ff.)

Die oben beschriebenen Zusammenhänge im Falle einer Insolvenz des Leasingnehmers führen dazu, dass Leasinggesellschaften an die Bonität der Unternehmen deutlich geringere Anforderungen stellen, als z.B. kreditvergebende Banken. Dies ist darin begründet, dass die Leasinggesellschaft durch das Aussonderungsrecht die Möglichkeit hat, den Leasinggegenstand immer verwerten zu können. Sie braucht also keine Quotenbefriedigung aus der Insolvenzmasse zu befürchten wie eine kreditfinanzierende Bank. Im Insolvenzfall trägt die Leasinggesellschaft nur das Risiko eines nicht ausreichenden Verwertungserlöses und der bis dahin evtl. nicht gezahlten Leasingraten (vgl. BENDER 2001, 47).

3 Bilanzierung von Leasing

Ein im Eigenbesitz und in der Eigennutzung des Unternehmens befindliches Wirtschaftsgut ist unstrittigerweise auch bei diesem bilanziell zu erfassen. Ein nur für wenige Wochen angemietetes Wirtschaftsgut hingegen ist dahingegen nicht im Anlagevermögen zu bilanzieren. Bei einem geleasten Wirtschaftsgut ist die bilanzielle Erfassung aber nicht mehr so einfach. Der Leasinggeber ist rechtlicher Eigentümer, der Leasingnehmer hat aber den wirtschaftlichen Nutzen aus dem Objekt und kann für die vereinbarte Grundmietzeit darüber recht frei verfügen. Fraglich ist also nun, bei wem der beiden dieses Wirtschaftsgut wie zu erfassen ist. Diese Problematik wird im deutschen und in den internationalen Rechnungslegungssystemen unterschiedlich gelöst.

3.1 Bilanzierung nach deutscher Rechnungslegung

Das deutsche HGB enthält keine expliziten Paragraphen, die den Bereich Leasing regeln. Von daher muss zunächst auf die GoB zurückgegriffen werden. Sie verlangen das wirtschaftliche Eigentum zu berücksichtigen (vgl. SELCHERT/ERHARDT 2003, 229). Gleichzeitig verlangt der § 246 Abs. 1 HGB die vollständige Erfassung des Vermögens im Jahresabschluss. Das Institut der Wirtschaftsprüfer hat 1973 dazu Stellung bezogen und gefordert, dass ein Vermögensgegenstand beim Kaufmann bilanziert werden muss, wenn er, auch ohne rechtlicher Eigentümer zu sein, die wirtschaftlich relevanten Rechte daran wie ein Eigentümer auf Dauer ausüben kann (vgl. PERRIDON/STEINER 2004, 467). Diese Stellungnahme wurde auf Grund massiver Kritik in der Literatur dann 1990 wieder zurück genommen (vgl. SPITTLER 1999, 173ff.). Gleichzeitig hat sich der BFH und das BMF mit dem Problem der Bilanzierung von Leasing in der Steuerbilanz beschäftigen müssen. In diesem Zusammenhang wurden seit Anfang der 70er Jahre des vorigen Jahrhunderts auf der Basis richtungsweisender höchstrichterlicher Urteilssprüche neben dem § 39 AO mehrere konkretisierende Erlasse veröffentlicht, die die Zuschreibung des Leasinggutes zum Leasinggeber oder –nehmer genau regeln. Wegen der Maßgeblichkeit der Steuerbilanz für die Handelsbilanz wurde dann der durch diese Erlasse vorgegebene Rahmen ebenfalls für die Bilanzierung in die Handelsbilanz übernommen. Dieser vom BMF fest vorgegebene Rahmen sorgte dann auch dafür, dass die nun neu abgeschlossenen Leasingverträge sich in dem vorgegebenen Spielraum bewegten. Diese Tatsache hat dann wohl auch das IdW letztendlich dazu bewegt, seine Stellungnahme zurückzunehmen (vgl. KRATZER 2005, 55ff.).

Die Frage der Zuschreibung des Leasinggutes ist für den wirtschaftlichen Vorteil des Leasinggeschäfts von entscheidender Bedeutung. Nur wenn der Leasinggegenstand dem Leasinggeber zugeschrieben wird, braucht der Leasingnehmer diesen nicht als Anlagevermögen zu bilanzieren und kann im Gegenzug die Leasingraten voll als Betriebsausgaben absetzen.

3.1.1 Leasing-Erlasse

Da den Regelungen der steuerlichen Leasing-Erlasse wegen des Maßgeblichkeitsprinzips eine so zentrale Rolle zukommt, sollen diese nun genauer betrachtet werden. Das BMF geht davon aus, dass bei Leasingverträgen, die den Regelungen dieser Erlasse folgen, – sog. erlasskonforme Verträge – die vertrags-schließenden Parteien von einer wirtschaftlichen Zurechnung des Leasinggegenstandes zum Vermögen des Leasinggebers ausgehen. Demzufolge muss der Leasinggegenstand dann auch beim Leasinggeber bilanziell als Anlagevermögen erfasst werden. Folgende Erlasse wurden dazu veröffentlicht:

- Mobilienleasingerlass (19.04.1971)
- Immobilienerlass (21.3.1972)
- Mobilienteilamortisationserlass (22.12.1975)
- Immobilienteilamortisationserlass (23.12.1991)

Für alle Erlasse gelten dabei folgende Grundbedingungen:

- Eine von beiden Parteien unkündbare Grundmietzeit
- Eine Grundmietzeit, die mind. 40 % und max. 90 % der betriebsgewöhnlichen Nutzungsdauer beträgt
- Ausschluss von Spezialleasingverträgen

Diese Grundsätze sehen vor, dass ein Leasingobjekt dem Leasingnehmer zugerechnet wird, wenn dieser den Leasinggeber nahezu vollständig von der wirtschaftlichen Einwirkung darauf ausschließen kann. Am Beispiel des Spezialleasings ist dies gut nachzuvollziehen: Dadurch dass das Leasingobjekt speziell für den Leasingnehmer gefertigt wurde, hat der Leasinggeber nach Ablauf der Grundmietzeit keine

Möglichkeit, dieses gewinnbringend zu veräußern oder selber weiterzunutzen. Eine weitere wirtschaftliche Verwendung bleibt ihm also durch die Vertragskonstellation in der Praxis verwehrt. Gegenteilig ist z.B. der Fall, wenn ein fungibles Gut wie ein PKW nach Ablauf der Grundmietzeit ohne Kaufoption an den Leasinggeber zurückgegeben werden muss. Er kann dieses dann zum Marktpreis verwerten und trägt selber das wirtschaftliche Risiko, ob dieser dann höher oder niedriger als von ihm kalkuliert ausfällt. Anders hingegen wäre es in diesem Beispiel, wenn der Leasingnehmer den PKW zu einem vorher vereinbarten Kaufpreis, der deutlich unter dem Marktwert liegt, erwerben darf. Aus ökonomischen Erwägungen wird der Leasingnehmer immer diese Option nutzen. Dadurch ist der Leasinggeber von der wirtschaftlichen Einwirkung auf seinen Vermögensgegenstand dauerhaft ausgeschlossen. Der Leasinggegenstand ist folglich beim Leasingnehmer zu bilanzieren (vgl. KRATZER 2005, 37ff.). Eine Übersicht über die genaue Ausgestaltung der Regeln zur Zuschreibung des Leasingobjekts kann aus Abb. 4 entnommen werden.

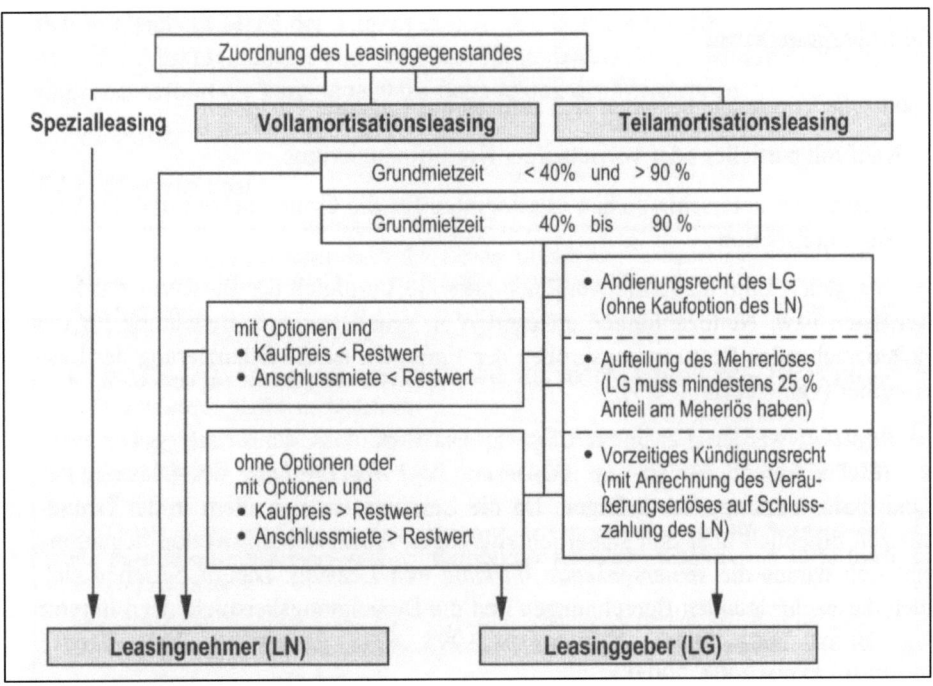

Abb. 4: Bilanzierung beweglicher Wirtschaftsgüter, Quelle: GONSCHOREK/GONSCHOREK 2005, 65

3.1.2 Bilanzierung bei Zurechnung zum Leasingnehmer

Ist der konkret vereinbarte Leasingvertrag nicht erlasskonform, so muss die Bilanzierung beim Leasingnehmer erfolgen. Dieser muss das Leasingobjekt in Höhe der Anschaffungs- und Herstellungskosten, die der Leasinggeber seiner Ratenkalkulation zu Grunde gelegt hat, an der entsprechenden Position des Anlagevermögens aktivieren. Zusätzlich darf er noch seine eigenen Nebenkosten (z.B. Transport- und Versicherungskosten oder Kosten für die Erstellung von Fundamenten) hinzurechnen. Das Leasingobjekt wird dann entsprechend der betriebsgewöhnlichen Nutzungsdauer beim Leasingnehmer abgeschrieben. Gleichzeitig muss der Leasingnehmer eine Verbindlichkeit in Höhe der Anschaffungs- und Herstellungskosten, die Grundlage für die Kalkulation der Rate waren, gegenüber dem Leasinggeber passivieren. Hierdurch verlängert sich die Bilanz. Die Leasingraten sind dann in einen Tilgungsanteil und in einen Zins- und Kostenanteil aufzuteilen. Der Tilgungsanteil wird erfolgsneutral mit der Verbindlichkeit verrechnet, wohingegen der Zins- und Kostenanteil als Betriebsausgabe das Ergebnis mindert (vgl. WÖHE 2002, 701f.) .

Der Leasinggeber wiederum aktiviert eine Forderung gegen den Leasingnehmer in seiner Bilanz, wobei die Höhe dieser Forderung der beim Leasingnehmer passivierten Verbindlichkeit entspricht. Die beim Leasinggeber eingehenden Leasingraten müssen dann genau wie beim Leasingnehmer in einen erfolgswirksamen Zins- und Kostenanteil, sowie in einen erfolgsneutralen Tilgungsanteil aufgeteilt werden. Die aktivierte Forderung vermindert sich um die Summe der in der jeweiligen Periode eingegangenen Tilgungsanteile der Leasingraten (vgl. KRATZER 2005, 63).

Der Leasingnehmer kann als Betriebsausgaben nur den Zins- und Kostenanteil, sowie die Abschreibung in der GuV verbuchen. Hieraus wird dann auch ersichtlich, warum der Bilanzansatz beim Leasingnehmer nachteilig ist. Die Summe aus Abschreibung und Zins- und Kostenanteil, die erfolgswirksam verbucht werden kann, ist fast immer niedriger als die tatsächlich gezahlte Leasingrate. So wird ein geringerer Betrag als Betriebsausgabe erfolgsmindernd gebucht. Dieses wird erst durch eine Sonderabschreibung auf den Restbuchwert beim Abgang des Leasingobjekts am Ende der Grundmietzeit ausgeglichen. Der Abschreibungsverlauf und die Entwicklung der Verbindlichkeit sind nicht kongruent. Dies verändert während der Laufzeit des Leasings die Bilanzstruktur (vgl. WÖHE 2002, 701f.).

3.1.3 Bilanzierung bei Zurechnung zum Leasinggeber

Ist der Leasingvertrag erlasskonform gestaltet, muss der Leasinggeber das Leasingobjekt an der entsprechenden Position seines Anlagevermögens aktivieren. Hierzu sind seine Anschaffungs- oder Herstellungskosten anzusetzen und planmäßig abzuschreiben. Die Abschreibung beginnt mit dem Zeitpunkt des Erwerbs und nicht erst zum Zeitpunkt der Vermietung. Die für das Leasingobjekt geleisteten Leasingzahlungen vereinnahmt der Leasinggeber erfolgswirksam als Betriebseinnahmen (Umsatzerlöse). Hinsichtlich der Risikovorsorge gelten für den Leasinggeber die üblichen Bestimmungen, d.h. er darf z.B. Rückstellungen für drohende Verluste bei ausbleibenden Leasingraten und Bonitätsverschlechterung des Leasingnehmers vornehmen oder Objektrisiken durch außerplanmäßige Abschreibungen berücksichtigen.

In der Bilanz des Leasingnehmers findet das Leasingobjekt keinen Ansatz als Anlagevermögen. Es tritt somit auch keine Bilanzverlängerung auf. Die geleisteten Leasingraten können sofort erfolgsmindernd in der GuV in voller Höhe angesetzt werden (vgl. SPITTLER 1999, 176ff.). Wird eine Leasingrate für ein über den Bilanzstichtag hinausreichendes Wirtschaftsjahr geleistet, z. B. bei jährlicher, vorschüssiger Zahlungsweise, so hat der Leasingnehmer einen passiven und der Leasinggeber einen entsprechenden aktivischen Rechnungsabgrenzungsposten zu bilden. Der Betrag muss dabei dem Anteil entsprechen, der über das zu bilanzierende Wirtschaftsjahr hinausgeht. Bei einer nachschüssigen Zahlungsweise ist dementsprechend für die periodengerechte Ergebnisermittlung eine Forderung auf Seiten des Leasinggebers und eine Verbindlichkeit auf Seiten des Leasingnehmers anzusetzen. Diese Vorgehensweise erfolgt aber auch bei der oben behandelten Zurechnung des Leasinggegenstandes zum Leasingnehmer analog (vgl. KRATZER 2005, 46f).

Dadurch, dass der Leasinggegenstand nicht in der Bilanz des Leasingnehmers auftaucht, ist das Ausmaß der finanziellen Verpflichtungen bei einer Bilanzanalyse schwer nachzuvollziehen. Trotz entsprechender Kritik in der Literatur hat der Gesetzgeber hier noch nicht ausreichend für Klarheit gesorgt. Zwar sind nach § 285 Nr. 3 HGB mittelgroße und große Kapitalgesellschaften verpflichtet, die sonstigen, nicht-bilanzierten finanziellen Verpflichtungen in einem Betrag im Anhang auszuweisen.

Dies erhöht die Transparenz der Finanz- und Vermögenslage aber nur wenig (vgl. SPITTLER 1999, 176ff.).

3.2 Bilanzierung nach internationaler Rechnungslegung

Auch für deutsche Unternehmen ergibt sich seit gut einem Jahrzehnt die Notwendigkeit, nach internationalen Rechnungslegungsstandards zu bilanzieren. Der Börsengang der Daimler Benz AG 1993 an der amerikanischen „Wall Street" (NYSE) war eins der ersten prominenten Beispiele dafür. Als Zulassungsvoraussetzung für den Börsengang verlangte die amerikanische Börsenaufsicht SEC eine Überleitungsrechnung vom deutschen HGB-Abschluss auf einen US-GAAP konformen Abschluss (vgl. PRANGENBERG 2000, XIII f.). Die Einführung des Segments „Neuer Markt" an der Frankfurter Börse 1997 verlangte für dort gelistete Unternehmen verbindlich einen Abschluss nach internationalen Rechnungslegungsstandards (vgl. ACHLEITNER/BEHR 2003, 3).

3.2.1 Relevanz internationaler Regelungen für deutsche Unternehmen

Die unterschiedlichen lokalen Steuer- und Rechtssysteme haben in den verschiedenen Ländern unterschiedliche Rechnungslegungssysteme hervorgebracht. Prinzipiell kann dabei eine angloamerikanische und eine kontinentaleuropäische Entwicklungsrichtung unterschieden werden (vgl. ACHLEITNER/BEHR 2003, 13f.).

Im angloamerikanischen Raum basiert das Rechtssystem auf dem sog. Case Law, dem Richter- und Fallrecht. Gleichzeitig existiert ein Kapitalmarkt, der kapitalsuchenden Unternehmen eine Vielzahl potenzieller Eigen- und Fremdkapitalgeber anbietet. In diesem Umfeld hat der Kapitalmarkt selber die Entwicklung der Rechnungs-legungsstandards über private Organisationen geregelt, weitestgehend ohne staatliche Eingriffe. Die Informationen der Abschlusswerke sind auf die Bedürfnisse aktueller und zukünftiger Investoren abgestimmt. Dabei ist die wahrheitsgemäße Darstellung der Finanz- und Vermögenswerte des Unternehmens oberstes Ziel (vgl. PELLENS u.a. 2004, 34ff.).

Der kontinentaleuropäische Raum, insbesondere in Deutschland und der Schweiz, ist durch die Dominanz des verallgemeinernden, geschriebenen Gesetzes, des Code Law, geprägt. In diesem Umfeld werden die Rechnungslegungsstandards von der Legeslative durch Gesetze (z.B. in Deutschland durch das HGB) vorgegeben. Die Bilanzierungsvorschriften für spezielle Bilanzierungsfälle werden dann deduktiv aus dem Gesetzestext abgeleitet. Zielsetzung der Rechnungslegung ist dabei der Gläubigerschutz, die Maßgeblichkeit für die Unternehmensbesteuerung und die Ermittlung des ausschüttbaren Gewinns. Die gesamte Bewertungspraxis steht unter dem Vorsichtsprinzip. Der Kapitalmarkt ist traditionell mehr auf die Beschaffung von Fremdkapital über Kreditinstitute geprägt (vgl. SELCHERT/ERHARDT 2003, 9ff.).

Diese unterschiedliche Ausrichtung der verschiedenen Systeme führt dazu, dass die jeweiligen Abschlüsse eine unterschiedliche Aussagekraft haben und schwer miteinander zu vergleichen sind. HGB-Abschlüsse mit ihren Bewertungswahlrechten, stillen Reserven und steuerlich-geprägten Wertansätzen reichen internationalen Investoren und Rating-Agenturen für eine verlässliche Unternehmensbewertung nicht aus (vgl. PELLENS u.a. 2004, 42f.). Um auf den internationalen Märkten agieren zu können, sind die Unternehmen also gezwungen, neben dem HGB-Abschluss auch einen international anerkannten Abschluss zu erstellen. Dies verursacht durch die doppelte Abschlusserstellung natürlich entsprechende Kosten (vgl. ACHLEITNER/BEHR 2003, 62).

Innerhalb der EU setzten im Rahmen der Schaffung des gemeinsamen Binnenmarktes früh Prozesse zur Vereinheitlichung und Standardisierung ein (vgl. GLAUM/MANDLER 1996, 11f.). Bereits 1985 setzte der deutsche Gesetzgeber mit dem Bilanzricht-liniengesetz (BilRiLiG) die 4., 7. und 8. EU-Richtlinie zur Harmonisierung der Rechnungslegung im HGB um. Doch die prinzipielle Ausrichtung des HGB mit Vorsichtsprinzip und Gläubigerschutz wurde nicht geändert. Erst 1998 wurde für deutsche, kapitalmarktorientierte Mutterunternehmen mit dem Kapitalaufnahme-erleichterungsgesetz (KapAEG) die Möglichkeit zu einem befreienden Konzernabschluss nach internationalen Rechnungslegungsnormen (IAS/IFRS oder US-GAAP) geschaffen. Mit dem Gesetz zur Kontrolle und Transparenz im Unternehmens-bereich (KonTraG) von 1998 und dem Transparenz- und Publizitätsgesetz (TransPuG) von 2002 wurde der HGB-Konzernabschluss an internationale Standards angenähert.

Der freiwillige, befreiende Konzernabschluss nach internationalen Regelungen wurde dann ab 2005 für alle kapitalmarktorientierten Unternehmen durch eine erneute EU-Richtlinie, die sog. IAS-Richtlinie, zur Pflicht. Der deutsche Gesetzgeber hat diese mit dem Bilanzrechtsreformgesetz (BilReG) umgesetzt. Der Konzernabschluss ist nun nach IAS (für Unternehmen, die US-GAAP anwenden, gibt es eine Übergangsfrist bis 2007) aufzustellen. Für den Einzelabschluss gibt es ein Wahlrecht, den HGB oder den IAS-Abschluss zu veröffentlichen. Dieses Wahlrecht entbindet aber nicht von der Pflicht zur Aufstellung einer HGB-Bilanz.

Durch diese Entwicklung verändert sich die Rechnungslegungspraxis aktuell sehr stark. Der IAS-Abschluss mit seinen zum HGB teilweise stark differierenden Regelungen gewinnt immer mehr an Bedeutung. Der deutsche HGB-Abschluss hat zwar wegen seiner Maßgeblichkeit für die Besteuerung noch immer eine Bedeutung. Für die Kapitalbeschaffung der Unternehmen wird aber zunehmend von den Kapitalgebern die IAS-Bilanz analysiert. Die weitere Entwicklung des HGB in diesem Kontext bleibt von daher mit Spannung abzuwarten (vgl. PELLENS u.a. 2004, 45ff.).

Für den Themenkomplex Leasing ist die Umstellung auf die IAS/IFRS Regelungen von großer Bedeutung. Da einige Regelungen bezüglich Zurechnung des Leasing-gegenstandes differieren, müssen Leasingverträge im Geltungsbereich der IAS/IFRS teilweise anders ausgestaltet sein, um die Zurechnung zum Leasinggeber zu ermöglichen. Ein Anwender der internationalen Standards erwartet nun natürlich von seinem Leasinganbieter auch nach IAS bilanzneutrale Leasingverträge. Auf der anderen Seite gibt es auch Auswirkungen auf die Leasinggesellschaften selber, da diese nun einige Sachverhalte anders bilanzieren müssen. Dies kann dann unter Umständen durch veränderte Refinanzierungsmöglichkeiten der Leasinggesellschaften deren Geschäfts-modell erheblich verändern (vgl. KRATZER 2005, 66ff.).

Durch die o.g. IAS-Richtlinie und die entsprechende nationale Umsetzung werden die amerikanischen US-GAAP Standards für deutsche Unternehmen in Zukunft einen immer geringeren Einfluss haben.

3.2.2 Entwicklung der IAS/IFRS

Im Jahre 1973 wurde das IASC als privatrechtliche, internationale Organisation der Berufsverbände von Wirtschaftsprüfern und Buchhaltern gegründet. Ziel war, die Entwicklung einheitlicher Rechnungslegungsstandards auf internationaler Ebene zu fördern. Die ersten Entwürfe waren von weitläufigen Ansatz- und Wahlrechten geprägt, um die unterschiedlichen Sichtweisen und Bedürfnisse der angloamerikanischen und der kontinentaleuropäischen Fraktionen miteinander vereinbaren zu können. Im Zuge einer Vereinheitlichung wurde 1989 ein einheitliches Rahmenkonzept (Framework) als konzeptionelle Grundlage herausgegeben, auf dessen Basis dann die einzelnen Standards (IAS genannt) weiterentwickelt und Inkonsistenzen beseitigt wurden. Ziel hierbei war die Anerkennung der IAS als international gültiger Standard bei der Dachorganisation der Börsenaufsichten IOSCO. Im Zuge dieser Weiterentwicklung erkannte die IOSCO dann 2000 ein Grundgerüst von IAS, den sog. „core standards" an. Dazu mussten die bis dato noch enthaltenen Wahlrechte weitestgehend entfallen. Die geänderten IAS sollten laut IOSCO Empfehlung als Zulassungsstandard bei den einzelnen Ländern Gültigkeit erhalten. Die Struktur des IASC wurde 2001 reformiert, um den übermächtigen Einfluss des Berufsverbands der Wirtschaftsprüfer abzubauen. In diesem Zuge wurde das IASC in IASB umbenannt. Ihm kommt nun die Aufgabe zu, neue Rechnungslegungsstandards zu erlassen und die alten zu kommentieren. Die neuen Standards werden nun IFRS genannt, wobei die alten IAS so lange weitergelten, bis sie von neueren IFRS abgelöst werden (vgl. PELLENS u.a. 2004, 72ff.). Durch die Einwirkung der angloamerikanischen Fraktion, hier besonders die amerikanischen Börsenaufsicht SEC, haben sich die IAS/IFRS den US-GAAP inhaltlich sehr stark angenähert. Ihre Zielsetzung ist, entscheidungsrelevante und verlässliche Informationen für Investoren zuliefern. Jeder Sachverhalt wird auf seine wirtschaftlichen Auswirkungen und nicht auf seine rechtliche Ausgestaltung hin betrachtet. Zudem muss der Vermögens- und Schuldenansatz frei von Willküreinflüssen oder Gestaltungsmöglichkeiten sein. Der übergeordnete Bilanzierungsgrundsatz ist der des „true and fair view" (vgl. PRANGENBERG 2000, S.114ff.).

3.2.3 Die Regelungen von IAS 17

Im Gegensatz zum deutschen HGB, das keine explizite Regelung für die Bilanzierung von Leasing vorsieht, findet sich im Regelwerk der IAS/IFRS der IAS 17 „Accounting for Leases", der den Bereich Leasing systematisch regelt. Hierbei wird ein Leasingverhältnis als eine Vereinbarung definiert, bei der ein Leasinggeber (lessor) einem Leasingnehmer (lessee) das Recht auf Nutzung eines Vermögenswertes für eine vereinbarte Zeit gegen Zahlung einer oder mehrerer Raten einräumt. Weiterhin wird in ein Finanzierungsleasing (financial lease) und ein Operating-Leasingverhältnis (operating lease) differenziert (vgl. ACHLEITNER/BEHR 2003, 189). Die Einteilung in die beiden Klassen erfolgt dabei aber nicht nach der formalen vertraglichen Vereinbarung (form of contract), sondern auf Basis der wirtschaftlichen Gegebenheiten (substance of transaction). Diese Vorgehensweise entspricht dem allgemeinen Prinzip der IAS/IFRS, nicht die rechtlichen Gegebenheiten, sondern die tatsächlichen wirtschaftlichen Verhältnisse zu bewerten (substance over form). Als finance lease wird ein Vorgang angesehen, bei dem alle wesentlichen Chancen und Risiken aus dem Leasinggegenstand vertraglich auf den Leasingnehmer übergehen. Ob das rechtliche Eigentum übertragen wird oder nicht, spielt hierbei keine Rolle (vgl. SELCHERT/ERHARDT 2003, 231f.).

Die Regelungen des IAS 17 geben ein Prüfmuster vor, welche Bedingungen für die Einordnung als financial lease erfüllt sein müssen, damit die wesentlichen Chancen und Risiken beim Leasingnehmer liegen. Liegt keine dieser Bedingungen vor, wird der Negativschluss gemacht und operating lease angenommen. Dabei ist – erklärlich durch die angelsächsische Prägung der IAS/IFRS – der Einzelfall jeweils in seinen Gesamtumständen zu würdigen (case law). Eine quantitative Entscheidungsvorgabe gibt es hier nicht. Außerdem muss der Fall jeweils aus der Perspektive von Leasingnehmer und –geber getrennt geprüft werden. Die Einstufung muss nicht zwangsläufig auf beiden Seiten identisch sein.

Liegt mind. einer der folgenden Überprüfungspunkte vor, handelt es sich um finance lease:

- Das Eigentum geht am Ende der Grundmietzeit auf den Leasingnehmer über (transfer of ownership).
- Der Leasingnehmer erhält eine Kaufoption zu einem Preis, der erkennbar unter dem erwarteten Verkehrswert (fair value) des Leasinggegenstands liegt (bargain option).
- Die Grundmietzeit (lease term) erstreckt sich über den wesentlichen Teil der wirtschaftlichen Nutzungsdauer (useful life).
- Der Barwert der Mindestleasingzahlungen ist zu Vertragsbeginn größer oder gleich dem Verkehrswert des Leasingobjektes (recovery of investment).
- Der Leasinggegenstand kann ohne größere Umbauten nur vom Leasingnehmer genutzt werden (special lease) (vgl. SELCHERT/ERHARDT 2003, 231ff.).

Diese Überprüfung ist in Abb. 5 grafisch dargestellt.

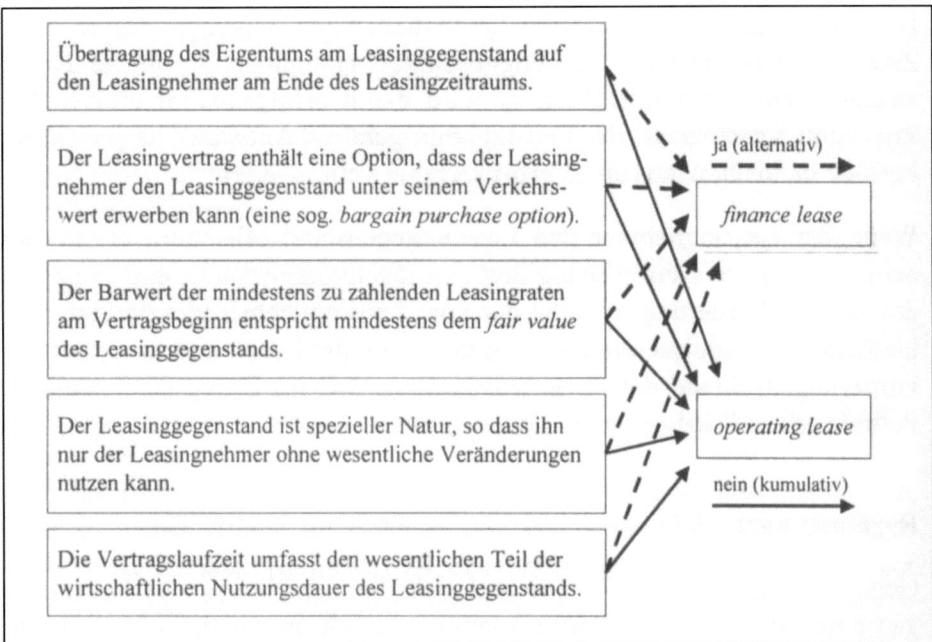

Abb. 5: Unterscheidung in operating lease und finance lease gemäß IAS 17, Quelle: SELCHERT/ERHARDT 2003, 232

Im weiteren ergänzt IAS 17 diese Punkte dann noch. So wird für die Geltung der bargain option zusätzlich überprüft:

- Der Leasingnehmer erhält eine Mietverlängerungsoption zu einer unter der Marktmiete liegenden Rate (bargain renewal option).

Für die Fälle mit ordentlichem Kündigungsrecht, sowie für Verträge mit Beteiligung am Mehr- oder Mindererlös muss auch noch geprüft werden:

- Der Leasingnehmer übernimmt bei Vertragskündigung mögliche Verluste des Leasinggebers.
- Eine am Ende der Vertragslaufzeit gegenüber dem garantierten Restwert entstehende Differenz steht dem Leasingnehmer zu.

Gilt einer dieser zusätzlichen Punkte im konkreten Sachverhalt als erfüllt, so liegt finance lease vor (vgl. KRATZER 2005, 69ff.).

3.2.4 Unterschiede zu US-GAAP

Wie oben schon erwähnt, wird in Zukunft durch die IAS-Richtlinie und die entsprechende Umsetzung in nationales Recht die Relevanz der US-GAAP für deutsche Unternehmen immer mehr abnehmen. Da auf Grund der Entstehungsgeschichte IAS/IFRS und US-GAAP ein ähnliches Rahmenwerk und Zielkanon haben, sind die Unterschiede zwischen den beiden Standards auch nicht so groß. Deshalb greife ich die Besonderheiten der US-GAAP im Vergleich zu den Regelungen der IAS 17 auch nur kurz auf.

Für die US-GAAP gilt genauso das substance-over-form Prinzip. Von daher zählt nicht die rechtliche Zuordnung eines Wirtschaftsgutes, sondern seine wirtschaftliche Verwendung. Sie unterscheiden ebenfalls in Finanzierungs-Leasingverträge (capital lease) und operating lease. Entscheidendes Kriterium ist auch hier, ob die wirtschaftlichen Chancen und Risiken auf den Leasingnehmer übergehen oder nicht. Zur Unterscheidung zwischen den beiden Klassen wird ein fast identischen Anforderungskatalog genutzt. Allerdings ist dieser bei den US-GAAP mit quantitativen Vorgaben präzisiert und eliminiert so den Entscheidungsspielraum der IAS/IFRS. Als Beispiel darf die Grundmietzeit nicht länger als 75 % der wirtschaftlichen Nutzungsdauer betragen. Hiermit ist im Gegensatz zu den IAS/IFRS genau definiert, was ein wesentlicher Anteil an der wirtschaftlichen Nutzungszeit ist. Ein weiterer Unterschied ist, dass der Barwert der Leasingraten 90 % des Verkehrswertes des Leasinggegenstandes nicht überschreiten darf im Gegensatz zu den 100 % der IAS/IFRS. Die Regelungen der US-GAAP sind im Ganzen betrachtet, sowohl stringenter durch die zusätzliche Quantifizierung, als auch strenger durch teilweise niedrigere Hürden für die Einordnung ins Finanzierungsleasing (capital lease) (vgl. SPITTLER 1999, 186ff.)

3.2.5 Bilanzierung bei finance lease (IAS 17)

Beim Finanzierungsleasing wird der geleaste Gegenstand in der Bilanz des Leasingnehmers aktiviert und gleichzeitig eine Verbindlichkeit für zukünftige Leasingzahlungen in gleicher Höhe ausgewiesen. Ist die Passivseite der Bilanz in kurz- und langfristige Verbindlichkeiten eingeteilt, so muss das Leasingverhältnis entsprechend eingeordnet werden. Die Höhe des Ansatzes entspricht dem beizulegenden

Wert des Leasinggegenstandes oder, sofern niedriger, dem Barwert der Mindestleasingzahlung (minimum lease payments). Die Berechnung des Barwertes erfolgt dabei mit dem dem Leasingverhältnis zu Grunde liegenden Zinssatz. Kann dieser nicht bestimmt werden, so wird alternativ der marktübliche Zinssatz für Fremdkapital mit gleicher Fristigkeit und gleicher Besicherung herangezogen. Bei der Aktivierung des Leasinggegenstandes dürfen direkt zurechenbare Zusatzkosten, die in unmittelbarem Zusammenhang mit der Vorbereitung oder dem Abschluss des Leasingvertrages stehen, mit angesetzt werden.

Die Leasingraten werden in die Finanzierungskosten und den Tilgungsanteil aufgeteilt. Dabei ist eine konstante Verzinsung der Schuld anzunehmen. Während der Laufzeit sind dann die jeweiligen Tilgungsanteile mit der passivierten Verbindlichkeit zu verrechnen. Die Finanzierungskosten werden erfolgsmindernd in der jeweiligen Periode verbucht. Im Anlagevermögen wird der Leasinggegenstand planmäßig abgeschrieben. Dabei sind dieselben Abschreibungsverfahren anzusetzen, die der Leasingnehmer auch für seine übrigen Vermögensgegenstände nutzt. Als Abschreibungszeitraum wird dabei die erwartete betriebliche Nutzungsdauer angesetzt. Ist es nicht sicher, dass der Gegenstand nach Ende der Grundmietzeit im Unternehmen verbleibt, entspricht dieser Zeitraum der Grundmietzeit. Ist es aber, z.B. auf Grund einer attraktiven bargain option, sicher, dass der Gegenstand im Unternehmen verbleibt, so ist die gesamte betriebliche Nutzungsdauer anzusetzen. Während der Laufzeit auftretende dauerhafte Wertminderungen (impairment losses) müssen dabei im Rahmen der Grenzen der IAS 36 (Wertminderung von Vermögenswerten) auch für den Leasinggegenstand berücksichtigt werden.

Die Entwicklung des Buchwertes des Leasinggegenstandes und der korrespondierenden Verbindlichkeit sind in der Regel nur zu Beginn des Leasingverhältnisses deckungsgleich. Bedingt durch Differenzen bei Abschreibungssätzen und Tilgungsanteilen entwickeln sich beide Positionen während der Laufzeit unterschiedlich, was zu Verschiebungen in der Bilanzstruktur führen kann.

Beim Finanzierungsleasing müssen nach IAS 17 alle Buchwerte der geleasten Vermögenswerte zum Bilanzstichtag, aufgegliedert nach Anlageklassen, einzeln im Anlagevermögen angegeben werden. Ferner wird eine Überleitungsrechnung zwischen dem Gesamtbetrag der Mindestleasingzahlungen am Bilanzstichtag und dem Barwert dieses Betrages, aufgeteilt in Laufzeit von bis zu einem, einem bis fünf und über fünf Jahren, als Pflichtangabe gefordert. Als letzten Punkt müssen die die GuV des Geschäftsjahres belastenden, bedingten Leasingzahlungen (contingent rents) offen gelegt werden. Dies sind Zahlungen, die auf Grund der Nutzungsintensität oder den Umsätzen des Leasinggegenstandes anfallen (vgl. ACHLEITNER/BEHR 2003, 189ff.).

Auf der Seite des Leasinggebers ist eine Forderung gegen den Leasingnehmer in Höhe des net investment in the lease zu aktivieren. Dieser Wert ist die Summe aus dem Barwert der Leasingzahlungen während der unkündbaren Grundmietzeit und, sofern der Leasingvertrag dies vorsieht, einem garantierten Restwert zum Laufzeitende und einem evtl. noch verbleibenden nicht garantierten Restwert. Die Werthaltigkeit der Forderung ist natürlich regelmäßig zu überprüfen. Bei nachhaltigen Änderungen des Restwertes oder der Bonitätseinstufung ist der Bilanzansatz entsprechend zu korrigieren. In seiner Bilanz muss der Leasinggeber bei finance lease eine Überleitungsrechnung vom Gesamtinvestitionsvolumen zu dem angesetzten Barwert ausweisen, ferner noch den Barwert der noch ausstehenden Leasingzahlungen aufgegliedert in die Zeiträume bis zu einem Jahr, einem bis fünf Jahre und länger als fünf Jahre. Zusätzlich ist er verpflichtet, den noch nicht realisierten Finanzertrag, die nicht garantierten Restwerte, den absetzbaren Betrag für uneinbringliche Forderungen, sowie eine allgemeine Beschreibung der wesentlichen Leasingvereinbarungen offenzulegen (vgl. SELCHERT/ ERHARDT 2003, 231ff.).

3.2.6 Bilanzierung bei operating lease (IAS 17)

Bei einem Leasingverhältnis der Kategorie operating lease wird der Leasinggegenstand nicht in die Bilanz des Leasingnehmers aufgenommen. Er darf diesen dann auch nicht in seinem Anlagevermögen aktivieren. Ebenfalls wird auf der Passivseite keine Verbindlichkeit für zukünftige Leasingzahlungen angesetzt. Der Zahlungsaufwand für die Leasingraten wird stattdessen direkt in der GuV erfolgswirksam erfasst. Dabei sollen die Leasingzahlungen linear über den Einsatzzeitraum angesetzt werden, auch wenn Sie, z.B. durch eine Sonderzahlung zu Beginn des Vertragsverhältnisses, zeitlich anders anfallen. Alternativ kann aber auch eine andere planmäßige Abschreibungs- methode genutzt werden, wenn diese die Nutzung des Leasingobjekts im Betrieb besser abbildet.

Bei unkündbaren Operating-Leasingverträgen verlangt IAS 17, dass der Leasingnehmer den Gesamtbetrag der zukünftigen Mindestleasingzahlungen offen legt. Dieser ist wiederum in Laufzeiten bis zu einem Jahr, einem bis fünf Jahre und über 5 Jahre aufzugliedern. Weiterhin müssen als Gesamtbetrag alle in der jeweiligen Periode in der GuV verrechneten Leasingzahlungen extra ausgewiesen werden (vgl. ACHLEITNER/ BEHR 2003, 193f.)

Der Leasinggeber muss beim operating lease den Leasinggegenstand grundsätzlich aktivieren. In der überwiegend Zahl der Fällen erfolgt dies im Anlagevermögen, in seltenen Ausnahmen ist aber auch ein Ansatz im Umlaufvermögen denkbar, z.B. wenn er jeweils nur für kurze Zeiträume vermietet wird und dazwischen zum Verkauf angeboten wird. Der Ansatz erfolgt mit dem beizulegenden Wert. Das Leasingobjekt ist dann planmäßig abzuschreiben, wobei der Leasinggeber die selben Methoden wie für den Rest des Anlagevermögens anwenden muss. Das Abschreibungsvolumen wird also planmäßig über die erwartete Nutzungsdauer verteilt. Zwischenzeitlich auftretende, dauerhafte Wertminderungen sind natürlich zu berücksichtigen. Die Erträge aus dem Leasingverhältnis sind, analog zu den Aufwendungen des Leasingnehmers, linear über die vereinbarte Laufzeit zu erfassen, auch wenn sie anders anfallen. Lässt sich eine andere planmäßige Verteilung finden, die den Nutzungsverlauf besser darstellt, so darf auch diese verwendet werden.

In der Bilanz sind für die einzelnen Klassen von Vermögenswerten getrennt die Bruttobuchwerte, die Abschreibungen und dauerhaften Wertminderungen der jeweiligen Periode, sowie die kumulierten Werte am Bilanzstichtag auszuweisen. Weiter ist der Gesamtbetrag der zukünftigen Mindestleasingzahlungen aus operating lease Verträgen aufgegliedert nach Laufzeiten bis zu einem Jahr, einem bis fünf Jahre und über fünf Jahre offen zu legen. Außerdem ist der Gesamtbetrag der bedingten Zahlungen, die auf der Nutzungsintensität des Leasinggegenstandes beruhen, anzugeben. Die Pflichtangaben werden noch durch eine kurze Beschreibung der wichtigsten Leasingvereinbarungen ergänzt (vgl. ACHLEITNER/BEHR 2003, 198).

3.3 Vergleich deutscher und internationaler Rechnungslegung

Nachdem nun die individuellen Regelungen für den Bilanzausweis von Leasinggeschäften im deutschen und internationalen Rechnungslegungssystem jeweils einzeln betrachtet wurden, sollen nun beide Systeme einander gegenüber gestellt werden. Dies ist, wie oben schon erläutert wurde, für deutsche Unternehmen in Zukunft wichtig, damit ihre Leasingverträge auch bei einer Bilanzierung nach IAS/IFRS den gewünschten Effekt in der Bilanz erreichen.

Beide Systeme stimmen prinzipiell darin überein, dass Leasing ein schwebendes Geschäft ist. Somit ist zunächst Leasing für den Leasingnehmer nicht bilanzierungspflichtig. Beide Systeme kennen aber Konstellationen, bei denen das Leasingobjekt trotzdem beim Leasingnehmer in der Bilanz ausgewiesen werden muss. Hauptunterschied zwischen beiden Systemen ist nun, dass die IAS/IFRS für die Abgrenzung der Zuschreibung des Leasingobjekts einen klar definierten, qualitativen Anforderungskatalog haben. Dieser unterscheidet dann in finance lease (Zurechnung beim Leasingnehmer) und operating lease (Zurechnung beim Leasinggeber). Im Gegensatz hierzu kennt das HGB selber keine Regelung. In Ermangelung einer solchen wird in Deutschland auf die steuerlichen Regelungen der Leasingerlasse zurück gegriffen. Diese unterscheiden jedoch nur in Vollamortisations- und Teilamortisations-verträge. Die Frage der Zurechnung wird aber separat über einen quantitativen Anforderungskatalog geprüft. Als Ergebnis ist ein Vertrag dann erlasskonform (Zurechnung zum Leasinggeber) oder entspricht nicht dem Erlass (Zurechnung beim Leasingnehmer).

Die IAS/IFRS greifen zur Abgrenzung auf das substance-over-form Prinzip zurück. Derjenige, der die wirtschaftlichen Chancen und Risiken innehat, also wirtschaftlicher Eigentümer ist, soll auch den Leasinggegenstand in seiner Bilanz ausweisen. Daraufhin ist der Anforderungskatalog strukturiert. Das deutsche System prüft hingegen, ob der Leasingnehmer den Leasinggeber dauerhaft von der wirtschaftlichen Einwirkung auf den Leasinggegenstand ausschließen kann. Die Prüfkriterien sind im Ergebnis aber ähnlich strukturiert (vgl. KRATZER 2005, 66ff.). Um eine für alle Steuersubjekte gleichmäßige und gerechte Besteuerung zu erreichen, sind dabei die Kriterien stark schematisiert und an quantitativen, objektiv nachprüfbaren Größen festgemacht Bei den

IAS/IFRS ist jedes Mal eine Einzelfallprüfung durchzuführen, die den jeweiligen Sachverhalt individuell würdigt. Hier kommt, entgegen den meisten anderen Regelungen, dem Unternehmen und seinem Wirtschaftsprüfer ein stärkerer Ermessensspielraum zu (vgl. SELCHERT/ERHARDT 2003, 235f.).

Obwohl die einzelnen Prüfkriterien ähnliche Sachverhalte, wie z.B. die Dauer des Mietverhältnisses, abfragen, gibt es in den individuellen Anforderungen Unterschiede, die einen erlasskonformen Leasingvertrag trotzdem zum finance lease qualifizieren oder umgekehrt. So ist bei IAS 17 maßgeblich für die Betrachtung der angemessenen Grundmietzeit die tatsächliche wirtschaftliche Nutzungsdauer (useful life). Hier wird keine schematisierte AfA-Tabelle genutzt. Obwohl keine konkrete Grenze wie die 90 % Regelung der Leasingerlasse vorgegeben ist, setzt sich in der Praxis immer mehr eine an die US-GAAP Regeln angelehnte 75 % Grenze durch. Da diese aber an der tatsächlichen Nutzungsdauer gemessen wird, sollte die Mehrzahl der deutschen 90 % Verträge auch unter diese Grenze fallen. Eine Verlustübernahmeoption bei Kündigung des Vertrages, die in Deutschland erlasskonform ist, ist bei IAS 17 zurechnungs-schädlich, so dass der Leasinggegenstand beim Leasingnehmer bilanziert werden muss. Genauso ist die erlasskonforme Mehrerlösbeteiligung von max. 75 % bei IAS 17 als zurechnungsschädlich anzusehen. Im internationalen System wird zusätzlich geprüft, ob der Barwert der Mindestleasingzahlungen größer als der beizulegende Wert des Leasinggegenstandes (fair value) ist. Die deutschen Leasingerlasse kennen dieses Prüfkriterium jedoch nicht, so dass einige erlasskonforme Verträge diese Hürde nicht nehmen werden (vgl. KRATZER 2005, 73ff.). Insgesamt besitzen die Regelungen nach IAS 17 mehr Anhaltspunkte für das Vorliegen von finance lease. Sie sind somit strenger und geben einen engeren Rahmen für die Vertragsgestaltung vor, um die fast immer gewünschte Zurechnung des Leasinggegenstandes beim Leasingnehmer zu erreichen (vgl. SPITTLER 1999, 185).

Ein weiterer Unterschied ist die Höhe des Bilanzausweises beim Leasingnehmer, wenn dieser den Gegenstand aktivieren muss. Im Handelsrecht ist der Gegenstand mit seinen Anschaffungs- oder Herstellungskosten, mit denen der Leasinggeber seine Rate kalkuliert hat, zu aktivieren. Die IAS 17 schreibt im Gegensatz dazu vor, den Gegenstand zum fair value oder zum niedrigeren Barwert der Mindestleasingzahlungen zu aktivieren. Erfolgt die Bilanzierung hingegen beim Leasinggeber, so muss dieser nach HGB ebenfalls die Anschaffungs- oder Herstellungskosten ansetzen. Nach IAS 17 ist auch hier der fair value oder falls geringer der Barwert der Leasingzahlungen zuzüglich eines garantierten und nicht garantierten Restwertes anzusetzen. Die Abschreibung des Gegenstandes erfolgt handelsrechtlich gewöhnlich über die betriebsgewöhnliche Nutzungsdauer der AfA-Tabellen (um keine Abweichungen zur Steuerbilanz zu haben). Die IAS 17 verlangt die tatsächliche wirtschaftliche Nutzungsdauer zu Grunde zu legen oder die Mindestvertragslaufzeit, falls der Leasingnehmer den Leasinggegenstand am Ende der Laufzeit nicht sicher übernehmen wird (abhängig von der Ausgestaltung der Vertragsoptionen).

Als letzten differierenden Punkt sind die Ausweispflichten in der Bilanz zu nennen. Die Angaben nach HGB sind dabei recht rudimentär und geben dem Bilanzleser wenig Einblick in die Leasingverträge des Unternehmens. In diesem Punkt fordert IAS 17 eine deutlich detailliertere Auskunft. Diese erfolgt immer mit der Zielsetzung, einem potenziellen Investor ein vollständiges und wahrheitsgemäßes Bild der Vermögens-verhältnisse des Unternehmens zu geben (vgl. SELCHERT/ERHARDT 2003, 235f.).

Welchen Einfluss die IAS/IFRS auf die Vertragsgestaltung in der deutschen Leasingpraxis haben, bzw. haben werden, kann aktuell noch nicht abschließend beurteilt werden. Die Literatur führt hierzu noch eine uneinheitliche Diskussion. Die Mehrheitsmeinung tendiert dazu, dass die Zurechnung des Leasingobjektes zum Leasingnehmer bei Fortsetzung der aktuellen Vertragspraxis in Zukunft öfters vorkommen wird. Allerdings sind die erforderlichen Änderungen in der Vertragsgestaltung, um weiterhin die präferierte Zurechnung beim Leasinggeber zu erreichen, nicht sehr groß. Daher ist davon auszugehen, dass in Zukunft Leasingverträge abgeschlossen werden, die sowohl erlasskonform sind, als auch die Regelungen nach IAS 17 derart abbilden, dass der Leasinggegenstand in beiden Fällen dem Leasinggeber zugerechnet werden wird. Eine zentrale Rolle wird dabei der genauen Auslegung der IAS 17 Regelungen durch die Wirtschaftsprüfer zukommen (vgl. SPITTLER 1999, 185).

4   Einsatz und Auswirkungen von Leasing

Geschickt eingesetzt kann Leasing für ein Unternehmen mehr als nur eine Finanzierungsalternative sein. Mit dem Leasing kann u.a. auch Einfluss auf den Liquiditätsstatus, Bilanzkennzahlen und Höhe und Anfall von Steuerzahlungen genommen werden (vgl. BUSSE 2003, 788). Neben dem Vergleich der Finanzierungsalternativen Leasing und Kreditkauf, der in Kapitel 5 behandelt wird, soll hier die Auswirkung des Leasings auf die verschiedenen betriebswirtschaftlichen Entscheidungsfelder beleuchtet werden. Auch sollen Wege aufgezeigt werden, in wie weit der Unternehmer Leasing als unternehmenspolitisches Instrument einsetzen kann.

4.1   Liquiditätsstatus

Auf den Liquiditätsstatus eines Unternehmens hat Leasing deutliche Auswirkungen. Unter Liquidität wird die Fähigkeit eines Unternehmens verstanden, sämtliche fälligen Zahlungen begleichen zu können, also zahlungsfähig zu sein. Obwohl also der Zustand Liquidität demnach entweder vorhanden ist oder nicht, wird die Liquidität weitergehend betrachtet. Die Betriebswirtschaftslehre kennt so z. B. mehrere Liquiditätsgrade: Barliquidität, Liquidität auf kurze Sicht und Liquidität auf lange Sicht. Allen gemeinsam ist, dass ein Quotient aus vorhandenen Zahlungsmitteln und anstehenden Verbindlichkeiten gebildet wird. Die verschiedenen Liquiditätsgrade unterscheiden sich nun darin, welche Posten als Zahlungsmittel angesehen werden (vgl. OLFERT/RAHN 1997, 572ff.) Mit den Liquiditätsgraden soll die zukünftige, potenzielle Zahlungsfähigkeit gemessen werden. Allerdings ist ein möglichst hoher Liquiditätsgrad kein Garant dafür, in Zukunft auch wirklich zahlungsfähig zu sein. Entscheidend hierfür sind nicht die statisch betrachteten Gegenwartsbestände, sondern die tatsächlich in der Zukunft anfallenden Ein- und Auszahlungen (vgl. PERRIDON/STEINER 2004, 10ff.).

Wird nun ein neues Anlageobjekt durch Barkauf erworben, so führt dies zu einem Abfluss von Zahlungsmitteln. Hierdurch bedingt nehmen natürlich die Liquiditätsgrade ab. Wird das Anlageobjekt nun aber durch Leasing erworben, findet zunächst kein Mittelabfluss statt. Die Liquiditätsgrade bleiben erhalten. Die Liquidität wird also geschont. Die zur Verfügung stehenden Mittel werden somit nicht im Anlagevermögen gebunden, sondern stehen dem Unternehmen für andere Zwecke zur Verfügung. Dies ist insbesondere interessant, wenn es sich um Investitionen im Zusammenhang mit Kapazitätserweiterungen handelt. Wird das Leasing für eine solche Erweiterungs-investition genutzt, kann die eingesparte Liquidität genutzt werden, um das Umlaufvermögen entsprechend auszudehnen (vgl. SPITTLER 1999, 60ff.).

Dem liquiditätsschonenden Effekt zu Beginn eines Leasingvertrags steht aber ein kontinuierlicher Mittelabfluss über die Laufzeit des Vertrages entgegen. Das Unternehmen muss in jeder Periode seinen vertraglichen Zahlungsverpflichtungen nachkommen. Dieser Effekt spiegelt sich in den Liquiditätsgraden aber nicht wieder. Im Nenner des jeweiligen Quotienten stehen nur die kurzfristigen Verbindlichkeiten (Verbindlichkeiten aus Warenlieferungen und Leistungen, Schuldwechsel, Schulden bei Kreditinstituten, erhaltene Anzahlungen, Dividenden, wenn sie innerhalb 3 Monaten fällig werden) (vgl. OLFERT/RAHN 1997, 574). Betrachtet man aber die Liquidität als die jederzeitige Sicherstellung der Zahlungsfähigkeit, dann muss für jede Periode gewährleistet sein (vgl. PERRIDON/STEINER 2004, 551):

	Zahlungsmittel-Anfangsbestand
+	Einzahlungen
-	Auszahlungerfordernisse

≥ 0 (oder $\geq$ verfügbare Kreditlinie)

Hier sieht man nun die Auswirkungen des Leasings für die auf die Anschaffung folgenden Perioden. Die periodisch vereinbarten Leasingraten (in der Regel monatlich) sorgen für einen stetigen Mittelabfluss. Dieser wird normalerweise durch Umsatzerlöse der mit den angeschafften Maschinen erzeugten Produkte ausgeglichen (pay-as-you-earn-Effekt). Sollten diese Umsätze aber ausbleiben, führt das Leasing zu einem stetigen Liquiditätsverlust und schlimmstenfalls in die Illiquidität. Auch die Möglichkeit zur Innenfinanzierung aus Abschreibungen ist nicht gegeben. Dies ist aber kein rein leasingspezifisches Problem. Wird die Anschaffung vollständig über einen Kredit getätigt, so ist auch dies mit einem stetigen Liquiditätsabfluss verbunden, der durch Umsatzerlöse gedeckt werden muss.

Ein Unternehmen wird seine Zahlungsverpflichtungen nicht in jeder Periode durch vorhandene Barmittel decken können, da die Ausgaben für die Produktion und die daraus resultierenden Einnahmen in den seltensten Fällen unmittelbar in der selben Periode anfallen. Stehen dem Unternehmen aber noch ausreichend nicht ausgeschöpfte

Kreditlinien zur Verfügung, so ist die Zahlungsfähigkeit ebenfalls gesichert. Hier kann nun die Finanzierungsform Leasing dem Unternehmen gegenüber der kreditfinanzierten Anschaffung von Anlageobjekten Vorteile bringen. Durch das Leasing werden die bestehenden Kreditlinien nicht weiter ausgeschöpft. Da das Leasing bilanzneutral ist, also nicht in der Bilanz unter den Verbindlichkeiten ausgewiesen wird, steigt auch der für die Banken relevante Verschuldungsgrad nicht weiter an. Dadurch hat das Unternehmen eine größere Chancen, von den Banken weitere Kredite zu erhalten. Auf diese Weise ist bei finanziellen Engpässen ein größerer Spielraum für liquiditätssichernde Maßnahmen gegeben (vgl. RÖHRENBACHER/FLEISCHER 1995, 30ff.).

4.2 Bilanzkennzahlen und -politik

Für ein Unternehmen ist die offenzulegende Bilanz in vielerlei Hinsicht eine Visitenkarte, sowohl für Zulieferer, Kunden, insbesondere für kreditvergebende Banken, aber auch die Öffentlichkeit. Bei am Kapitalmarkt gelisteten Unternehmen ist die veröffentlichte Bilanz für die Analyse der Unternehmenssituation und damit verbundener Investitionsentscheidung besonders wichtig. Zur Analyse der Bilanz, oder genauer gesagt des Jahresabschlusses, werden Kennzahlen aus dem umfangreichen Zahlenwerk gebildet, um dieses einfacher und besser beurteilen zu können. Beispiele für solche Kennzahlen sind u. a. Verschuldungsgrad, Eigenkapitalrentabilität oder Return on Investment (vgl. WÖHE 2002, 1055ff.).

Bei entsprechender Gestaltung des Leasingvertrags muss das Leasinggut nicht im Anlagevermögen des Unternehmens aktiviert werden. Gleichzeitig wird auch keine Verbindlichkeit auf der Passivseite ausgewiesen. In diesem Zusammenhang spricht man von der Bilanzneutralität des Leasings oder des off-balance-Effektes (vgl. BENDER 2001, 46ff.). Wird das Anlageobjekt hingegen durch Kauf erworben und durch Kredit finanziert, so muss es aktiviert und die Verbindlichkeit passiviert werden. Somit tritt eine Bilanzverlängerung ein. Außerdem erhöht sich das Anlagevermögen und das Fremdkapital entsprechend. Die Bilanzneutralität des Leasings bezieht sich aber natürlich nicht auf die erfolgswirksame Verbuchung der Leasingraten. Diese werden in der jeweiligen Periode voll als betrieblicher Aufwand erfolgswirksam verbucht.

Bei der Bilanzanalyse kommen nun wie bereits erläutert Kennzahlen zum Einsatz. Die meisten dieser Kennzahlen werden aus dem Quotienten von zwei Bilanzgrößen gebildet. Dies können z. B. Eigenkapital, Bilanzsumme oder Anlagevermögen sein. Durch die Bilanzneutralität von Leasing und die fehlende Bilanzverlängerung hat nun der Erwerb von Anlageobjekten durch Leasing einen direkten Einfluss auf viele Bilanzkennzahlen (vgl. KRATZER 2005, 56ff.). Dies sei beispielhaft an einigen wichtigen Kennzahlen erläutert:

Eigenkapitalquote: Die Eigenkapitalquote ist der Quotient aus Eigenkapital und Gesamtkapital in Prozent ($Eigenkapitalquote = \frac{EK}{GK} x100$). Sie gibt an, wie hoch der Eigenkapitalanteil an der Finanzierung des Unternehmens ist. Eine hohe Eigenkapitalquote gibt den Gläubigern eine höhere Sicherheit für ihre Kapitalinvestition. Die Eigenkapitalquote hat bei der Kreditaufnahme in der Regel auch immer eine direkte Auswirkung auf die Konditionengestaltung (vgl. WÖHE 2002, 1064f.). Jedoch ist für das Unternehmen eine hohe Eigenkapitalquote nicht immer betriebswirtschaftlich erstrebenswert. Auf Grund des Leverage-Effekts kann eine verstärkte Fremdfinanzierung sinnvoll sein, solange die vom Unternehmen erwirtschaftete Rendite auf das eingesetzte Kapital über dem für das Fremdkapital zu zahlenden Zinssatz liegt (vgl. BUSSE 2003, 837ff.). Der Erwerb eines Anlageobjektes mittels Leasing wirkt sich hier positiv auf die Eigenkapitalquote aus. Da das Leasing nicht als Fremdkapital passiviert wird, steigt das Gesamtkapital nicht an. So bleibt die Eigenkapitalquote gleich, wohingegen sie bei einem kreditfinanzierten Kauf auf Grund der Bilanzverlängerung sinken würde.

Verschuldungsgrad: Dies ist der Quotient aus Fremdkapital und Eigenkapital in Prozent ($Verschuldungsgrad = \frac{FK}{EK} x100$). Seine Höhe ist im Branchenvergleich und im Zeitreihenvergleich zu betrachten. Die Effekte von Leasing sind hier genau wie bei der Eigenkapitalquote, da der Verschuldungsgrad eine ähnliche Aussagekraft wie diese hat.

Anlagendeckungsgrad: Dies ist der Quotient aus Eigenkapital und Anlagevermögen in Prozent ($Anlagendeckunsggrad = \frac{EK}{AV} x100$). Diese Kennzahl ist wiederum aus Gläubigersicht sehr interessant. Man geht davon aus, dass im Liquidationsfall die Vorräte des Umlaufvermögens leicht liquidierbar sind, wohingegen industrielle Anlagegüter, z. B: Spezialmaschinen, in aller Regel nur sehr schwer, bzw. nur weit unter ihrem Wert liquidiert werden können. Daher wird gefordert, dass die Objekte des Anlagevermögens weitestgehend durch Eigenkapital gedeckt sein sollen. Ein schlechter Anlagendeckungsgrad verschlechtert in den meisten Fällen die Kreditaufnahme erheblich (vgl. PERRIDON/STEINER 2004, 561f.). Auch diese Kennzahl kann durch Leasing positiv beeinflusst werden. Da das Leasinggut nicht im Anlagevermögen bilanziert wird, verschlechtert sich der Anlagendeckungsgrad bei Anschaffung eines neuen Anlagegutes nicht.

Anlagenintensität: Diese ist der Quotient aus Anlagevermögen und Gesamtvermögen in Prozent (*Anlagenintensität* $= \frac{AV}{GV} x100$). In der Unternehmensanalyse wird eine hohe Anlagenintensität oftmals (natürlich in Relation zum Branchendurchschnitt) kritisch betrachtet, da die erwarteten Mittelrückflüsse durch die Anlageinvestitionen erst in der evtl. fernen Zukunft erfolgen (vgl. WÖHE 2002, 1063). Durch die Anschaffung eines Anlagegutes mittels Leasing erhöht sich die Anlageintensität nicht. Wird das selbe Objekt allerdings per Kauf (egal ob nun kredit- oder eigenkapitalfinanziert) angeschafft, erhöht sich diese Kennzahl.

Bei anderen Kennzahlen hat Leasing keinen Einfluss. Dies sind insbesondere diejenigen Kennzahlen, die Erfolgsgrößen beinhalten, da der Leasingaufwand ja erfolgswirksam verbucht werden muss. Hier kann es sogar dazu kommen, dass sich die Kennzahlen verschlechtern. Dies resultiert daraus, dass die Leasingraten oftmals höher sind als die vergleichbaren Abschreibungssätze bei Kauf des Objekts, da die Grundmietzeit fast immer kürzer als die betriebsgewöhnliche Nutzungsdauer ist. So wird ein höherer Betrag erfolgswirksam verbucht, wodurch der Unternehmensgewinn geschmälert wird

Mittels Leasing kann noch an einem weiteren Punkt angesetzt werden. Für verschiedene Größenklassen von Unternehmen gibt es verschieden detaillierte Offenlegungspflichten für den Jahresabschluss. Eine der Messgrößen für die verschiedenen Größenklassen ist die Bilanzsumme. Liegt ein Unternehmen knapp an der Grenze zur nächstgrößeren Unternehmensklasse, so kann es bei Anschaffung von Wirtschaftsgütern mittels Leasing in dieser verbleiben, da ja keine Bilanzverlängerung und damit eine Erhöhung der Bilanzsumme eintritt. Da die Erstellung, Prüfung und Offenlegung des Jahresabschlusses mit teilweise erheblichen Kosten verbunden ist, können hier durch Leasing evtl. direkt Kosten eingespart werden (vgl. BENDER 2002, 43ff.).

Man sieht aus den beispielhaft angeführten Punkten, dass ein Unternehmen bei geschickter Nutzung des Finanzierungsinstruments Leasing erweiterte Möglichkeiten der Gestaltung des Jahresabschlusses im Rahmen seiner Bilanzpolitik und der vorgegebenen finanz- und unternehmenspolitischen Zielsetzung hat. Allerdings muss dabei beachtet werden, dass mittelgroße und große Kapitalgesellschaften nach § 285 Nr. 3 HGB dazu verpflichtet sind, im Anhang Angaben zu weiteren finanziellen Verpflichtungen zu machen. Zusammen mit der Erfolgsrechnung kann der Bilanzleser hieraus zumindest gewisse Rückschlüsse ziehen und das Unternehmen die Leasingverbindlichkeiten nicht komplett aus der Bilanz raushalten (vgl. KRATZER 2005, 57).

4.3 Auswirkung auf die Steuerlast

Leasingverträge werden in vielen Fällen unter dem Gesichtspunkt der Steueroptimierung beworben. Über den Einsatz von Leasingverträgen kann die Höhe und der zeitliche Anfall der Steuerlast verändert werden. Dabei kann Einfluss auf jeweils die Einkommens- oder Körperschaftssteuer und die Gewerbesteuer genommen werden. Im folgenden soll nur der überwiegend anzutreffende Fall der erlasskonformen Gestaltung des Leasingvertrages, also der Zurechnung des Leasinggutes zum Leasinggeber betrachtet werden.

Einkommensteuer (bei Personengesellschaften) und Körperschaftssteuer (bei Kapitalgesellschaften) werden als Ertragssteuer auf den Unternehmenserfolg erhoben. Je höher dieser ausfällt, desto mehr Einkommens- oder Körperschaftssteuer muss abgeführt werden. Die Leasingraten werden wie bereits oben ausgeführt in der jeweiligen Periode voll als Betriebsausgaben angesehen und mindern dementsprechend den Erfolg und damit auch die Ertragsbasis als Ausgangspunkt für die Steuerberechnung (vgl. SPITTLER 1999, 149ff.). Wird im Gegensatz zum Leasing ein Wirtschaftsgut kreditfinanziert angeschafft, so darf von der Kreditrate nur der Zinsanteil erfolgsmindernd angesetzt werden, nicht jedoch der Tilgungsanteil. Um der Abnutzung und der damit einhergehenden Wertminderung des Wirtschaftsobjekts Rechnung zu tragen, darf aber eine planmäßige Abschreibung erfolgen, die erfolgswirksam verbucht wird. Diese Abschreibung hat dabei planmäßig über die betriebsgewöhnliche Nutzungsdauer des Wirtschaftsgutes zu erfolgen (vgl. WÖHE 2002, 894ff.). Der erlasskonforme Leasingvertrag hat nun eine Grundmietzeit, die kürzer als die betriebsgewöhnliche Nutzungsdauer ist. Die Leasingrate enthält neben einem Zinsanteil und einem Anteil für Kosten und Gewinn der Leasinggesellschaft auch einen Anteil für den Wertverlust des Leasinggegenstandes während der Grundmietzeit, vergleichbar einer Abschreibung. Dieser Anteil ist in der Regel größer als die äquivalente Abschreibung bei kreditfinanziertem Kauf, da der Wertverlust über einen kürzeren Zeitraum (die Grundmietzeit) verteilt wird. Hierdurch kann während der Laufzeit des Leasingvertrages jeweils ein größerer Betrag erfolgsmindernd verbucht werden. Dadurch wird natürlich in den entsprechenden Perioden der Betriebserfolg gemindert und so die Steuerlast gedrückt (vgl. BENDER 2001, 48f.). Dieser Effekt ist aber nur eine zeitliche Verschiebung des Anfalls der Einkommens- oder Körperschaftssteuer. Bei der Alternative des kreditfinanzierten Kaufs würde bei Abgang des Anlageguts vor Ablauf der betriebsüblichen Nutzungsdauer eine Sonderabschreibung erfolgen. Diese würde dann in der entsprechenden Periode erfolgsmindernd wirksam. Dadurch wäre der über alle Perioden absetzbare Betrag bei beiden Varianten annähernd gleich, sieht man mal vom Kostenanteil der Leasinggesellschaft und evtl. differierender Zinssätze ab. Trotzdem kann das Instrument Leasing in diesem Zusammenhang zur Steuerung des zeitlichen Anfalls der Einkommens- oder Körperschaftssteuer genutzt werden. Besonders für Personengesellschaften kann sich durch die progressive Ausgestaltung des Steuertarifs hier eine echte Steuerersparnis ergeben, wenn es gelingt, Betriebsausgaben auf einnahmestarke Perioden zu konzentrieren, anstatt auf einnahmeschwache.

Einen echten Vorteil bietet das Leasing bezüglich der Gewerbesteuer. Die Gewerbesteuer ist eine Objektsteuer, die den jeweiligen Gemeinden zufließt. Besteuert wird jeder stehende Gewerbebetrieb. Dabei wird von einem Idealbetrieb ausgegangen, der sich vollständig aus Eigenkapital finanziert und keine Miet- oder Pachtverhältnisse eingeht. Da ein solcher Idealbetrieb in der Realität nicht besteht, wird versucht, durch Zurechnungen und Kürzungen die entsprechenden Einflüsse und Vorgänge, die nicht dem Idealbetrieb entsprechen, auszuschließen oder rückgängig zu machen. Ausgangspunkt zur Ermittlung des Gewerbeertrags als Basis zur Berechnung der Gewerbesteuer ist der Steuerbilanzgewinn. Diesem müssen dann u. a. Dauerschuldzinsen (für Verbindlichkeiten mit mehr als 12 Monaten Laufzeit) hälftig hinzugerechnet werden. Miet- und Pachtzahlungen, mit der Ausnahme von solchen für Grundbesitz, müssen ebenfalls hälftig hinzugerechnet werden. Unterliegt die Miet- oder

Pachtzahlung jedoch schon beim Vermieter der Gewerbesteuer, so unterbleibt die Hinzurechnung, um eine Doppelbelastung zu vermeiden (vgl. SCHROEN 2002, 6ff.).

Der Leasingvertrag wird aber bezüglich der Berechnung der Gewerbesteuer nicht als Dauerschuldverhältnis qualifiziert, sondern als schwebend wirksames Geschäft. Dadurch entfällt die bei einem kreditfinanzierten Kauf sonst fällige hälftige Zurechnung der Dauerschuldzinsen. Auch eine hälftige Zurechnung als Miet- oder Pachtausgaben (§ 8 Nr. 7 GewStG) entfällt, da der Leasinggeber normalerweise für die erhaltenen Leasingraten zur Gewerbesteuer herangezogen wird. Durch diese Einordnung kann das Unternehmen durch das Finanzierungsinstrument Leasing seine Gewerbesteuerlast im Vergleich zu anderen Finanzierungsalternativen senken (vgl. KRATZER 2005, 50ff.). Dieser Effekt tritt bei Personengesellschaften allerdings nur auf, wenn der steuerlich maßgebende Gewerbeertrag über dem Freibetrag nach § 11 Abs. 1 Nr. 1 von 24.500 € liegt.

Bezüglich der Umsatzsteuer ist anzumerken, dass die Leasingraten umsatz-steuerpflichtig sind. Auf der anderen Seite sind sie aber auch vorsteuerabzugsfähig. Dadurch ist für die meisten Unternehmen, die in der Regel vorsteuerabzugsberechtigt sind, dies nur ein durchlaufender Posten (vgl. SPITTLER 1999, 162ff.).

4.4 Weitere Faktoren

Neben den Auswirkungen auf Bilanzgrößen und Unternehmenskennzahlen, sowie die Steuerlast kann Leasing im betrieblichen Kontext noch einige weitere positive Aspekte mit sich führen. Je nach unternehmenspolitischer Zielsetzung können diese Aspekte auch gezielt zur Umsetzung der gesteckten Ziele eingesetzt werden.

Viele kleine und mittelständische Unternehmen haben auf Grund der beschränkten personellen Ressourcen in der Buchhaltung Probleme, alle relevanten Kostengrößen einzeln zu erfassen und verursachergerecht den einzelnen Kostenträgern zuzuordnen. Bei der Preiskalkulation sind bei der Berechnung der Stückkosten der Bearbeitung eines Werkstücks durch eine bestimmte Maschine u. a. Anschaffungskosten der Maschine , kalkulatorische Abschreibungen, Finanzierungskosten, Finanzierungsnebenkosten und kalkulatorische Eigenkapitalkosten zu erfassen. Bei einer teuren Maschine hat alleine die Festlegung der voraussichtlichen Nutzungsdauer und damit der entsprechenden kalkulatorischen Abschreibungen einen entscheidenden Einfluss auf die ermittelten Stückkosten. Daneben ist es oftmals schwierig, die Folgekosten einer Investition hinreichend genau zu bestimmen. Insbesondere im Hinblick auf die zukünftige Zinsentwicklung. Hier bietet nun der Einsatz von Leasing Kostentransparenz und Planungssicherheit. Als alleinige Kostenart fallen die festen Leasingraten an. Und durch die vorher festgelegte Grundmietzeit ist auch die Einsatzdauer im Betrieb genau bestimmt. So kann in der Preiskalkulation, aber auch im Bereich der betrieblichen Kostenrechnung bedeutend leichter eine genaue und verursachergerechte Kostenzurechnung erfolgen. Zudem sind die Leasingraten im Normalfall für die gesamte Laufzeit in ihrer Höhe konstant. Dadurch besteht Planungssicherheit und das Unternehmen hat so kein Zinsänderungsrisiko zu tragen. Für kleine und mittelständische Unternehmen, die bisher ohne detaillierte Finanzplanung „aus dem Gefühl heraus" gearbeitet haben, kann so der Einstieg in eine strukturierte Finanzplanung geebnet werden.

Im Gegensatz zu Kreditinstituten bieten Leasinggesellschaften ihren Kunden oftmals weitere Dienstleistungen rund um das Leasingobjekt an, die über die reine Finanzierungsfunktion hinausgehen. Hierzu gehören zum einen im Leasingvertrag eingeschlossene Leistungen, für die kein gesondertes Entgelt berechnet wird, sowie zum anderen optionale Leistungen, die von der Leasinggesellschaft gesondert berechnet werden. Die eingeschlossenen Leistungen stehen mit Anschaffung und Verwertung des Leasingobjektes in Zusammenhang. Hier wird die Erfahrung des Leasinggebers und dessen Marktüberblick genutzt, welche sonst evtl. als Fremdleistung zugekauft werden müssten. Da das Leasingobjekt für den Leasinggeber eine Sicherheit bei Ausfall des Leasingnehmers ist, ist dieser darauf bedacht, einen seriösen und kompetenten Produktlieferanten zu wählen. Gleichzeitig kann die Leasinggesellschaft durch ihre Marktkenntnisse eine sehr realistische Preiseinschätzung treffen. Evtl. kann sie sogar, da sie als Großabnehmer auftritt, Preisnachlässe aushandeln, die dem einzelnen Unternehmen verwehrt bleiben würden. Auch bei der Auswahl bezüglich eines qualitativ hochwertigen Wirtschaftsguts ist die Expertise der Leasinggesellschaft hilfreich, da diese ja ein großes Interesse an einem möglichst hohen Restwert nach Ablauf der Grundmietzeit hat. Am Ende der Laufzeit stehen die eingeschlossenen Leistungen im Zusammenhang mit der Verwertung des Wirtschaftsgutes. Der Unternehmen muss selber keine Verkaufsverhandlungen führen oder Verkaufsausschreibungen erstellen. Er gibt das Wirtschaftsgut einfach an die Leasinggesellschaft zurück und diese erledigt die Verwertung.

Bieten die soeben besprochenen, im Leasingvertrag bereits eingeschlossenen Leistungen dem Leasingnehmer schon einen Zusatznutzen, so kann er weitere Leistungen rund um das Leasingobjekt optional dazu kaufen. Diese weiteren Leistungen fangen bei Wartung und Pflege des Leasingobjektes an und gehen bis hin zu Versicherungsleistungen. In diesem Zusammenhang spricht man auch von einem Service-Leasingvertrag. Der Vorteil für den Leasingnehmer liegt darin, dass er die betriebsfremden Aktivitäten reduzieren und sich auf seine Kernkompetenz konzentrieren kann. Dadurch spart er eigenes Personal, sowohl in der Produktion, als auch in der Verwaltung ein, die anderenfalls mit diesen Aufgaben betraut würden. Da diese Aufgaben dann von Spezialisten der Leasinggesellschaft wahrgenommen werden, kann sich das Unternehmen einer vernünftigen und qualitativ hochwertigen Arbeitausführung sicher sein. Im Zusammenhang mit der Unternehmensstrategie des Outsourcings werden immer mehr sog. Full-Service-Leasingverträge abgeschlossen. Hierunter versteht man Vertragsgestaltungen, bei denen der Leasinggeber sämtliche im Zusammenhang mit dem Leasingobjekt stehenden Dienstleistungen übernimmt. Im Bereich des KFZ-Leasing ist dies unter dem Stichwort Fuhrparkmanagement besonders populär. Für das Unternehmen liegt der Vorteil wie bereits oben dargestellt in der Konzentration auf die Kernkompetenz. Alle Arbeiten, die nicht mit dieser in Zusammenhang stehen, werden von externen Dienstleistern übernommen. Hierdurch erhält das Unternehmen eine höhere Flexibilität und kann sich schneller und besser auf geänderte Marktbedingungen einstellen (vgl. BENDER 2001, 49ff.).

Ein weiterer Aspekt im Zusammenhang mit Leasing ist die Reduzierung des Überalterungsrisikos der eingesetzten Anlagen und des Risikos von technischen Veränderungen. Da die Leasingverträge Grundmietzeiten vorsehen, die kürzer als die betriebsübliche Nutzungsdauer sind, können die eingesetzten Anlagegüter bei Bedarf, z. B. bei technischen Innovationen, auch frühzeitiger ausgetauscht werden. Im Rahmen des Herstellerleasing ist es sogar oftmals möglich bei Abschluss eines höherwertigen Anschlussvertrages den Altvertrag ohne wirtschaftliche Nachteile vorzeitig zu beenden. Gerade für Unternehmen, die mit der Strategie des Technologieführers operieren, ist dies ein wichtiger Faktor für die Umsetzung der eigenen Unternehmenspolitik. Aber auch die Flexibilität des Unternehmens kann erhöht werden. Im Gegensatz zu der reinen

Ja/Nein-Entscheidung beim Kauf kann beim Leasing durch geeignete Vertragsgestaltung bezüglich Laufzeit und Vertragsmodell den individuellen Bedürfnissen besser Rechnung getragen werden (vgl. SPITTLER 1999, 60ff.) Diese exemplarisch aufgezeigten Punkte zeigen, dass mittels Leasing weit mehr als nur Finanzierungsziele innerhalb eines Unternehmens erreicht werden können. Leasing kann somit vielmehr ein Instrument für vielfältige unternehmenspolitische Zielsetzungen sein.

4.5 Auswirkungen auf die externe Unternehmensbewertung

Großunternehmen mit direktem Zugang zum Kapitalmarkt stellen sich schon seit längerer Zeit der Überprüfung ihrer Finanzstärke durch externe Analysten. Hierzu erstellen Ratingagenturen standardisierte Bonitätsbeurteilungen, an denen sich die Käufer von z.B. Unternehmensanleihen orientieren . Im Bereich der kleinen und mittelständischen Unternehmen ist die externe Bewertung der Finanzsituation noch selten anzutreffen (vgl. SEIDEL u.a. 2003, 16ff.). Durch die Einführung der neuen Eigenkapitalrichtlinien für Banken (Basel II) entsteht aber auch für diese Unternehmensklasse immer mehr die Notwendigkeit, sich einer Unternehmens- bewertung (Rating) zu stellen.

4.5.1 Der Rating-Begriff

Das Wort Rating stammt vom englischen Verb „to rate" ab, was übersetzt „jemanden einschätzen" oder „beurteilen" heißt. Unter dem Begriff des Ratings wird zum einen der Vorgang der Bewertung eines Unternehmens in Bezug auf seine zukünftige Zahlungsfähigkeit und Finanzstärke, sowie das Risiko einer Leistungs- oder Zahlungsstörung verstanden. Zum anderen wird der Begriff Rating für das Ergebnis des Prüfvorganges benutzt. Das Rating ist demnach ein Zeugnis, in dem die Kreditwürdigkeit eines Schuldners bewertet wird. Wird das Rating von einer Ratingagentur durchgeführt spricht man vom externen Rating. Führt eine Bank das Rating im Rahmen des Kreditvergabeprozesses durch, so spricht man von einem (bank-)internen Rating. Externe Ratings sind immer dann zwingend erforderlich, wenn der Kapitalmarkt genutzt werden soll, unabhängig davon ob Eigentümer- oder Schuldnerpapiere emittiert werden. In das Ratingergebnis fließen neben harten, quantitativen Faktoren aus der Bilanzanalyse auch weiche Faktoren wie z.B.

Regelungen zur Unternehmensnachfolge, Marktstellung oder Produktlebenszyklus-analyse ein (vgl. DIHK 2003, 12ff.).

4.5.2 Basel II

Kreditinstitute müssen zur Absicherung gegen Kreditausfälle einen ausreichend hohen Bestand an Eigenkapital haben. Fällt ein Kreditnehmer aus, so soll dieses Eigenkapital die Bank vor einer Zahlungsunfähigkeit schützen. Mit der Frage, wie viel Eigenkapitalunterlegung ausreichend ist, befasst sich der Baseler Ausschuss für Bankenaufsicht. Dieser wurde 1974/75 von den Zentralbanken der G10-Staaten gegründet, um dem damaligen Tiefststand bei der Eigenkapitalunterlegung und den daraus resultierenden Schieflagen einiger Banken für die Zukunft vorzubeugen. Hierzu wurde in den Regelungen der Baseler Eigenkapitalvereinbarung (Basel I) eine pauschale Unterlegung der Kreditrisiken mit Eigenkapital von 8% festgeschrieben. Um der unterschiedlichen Ausfallwahrscheinlichkeit verschiedener Schuldnerklassen gerecht zu werden, wurden zusätzlich noch Risikogewichte zwischen 0% und 100% eingeführt. Die Regelungen nach Basel I wurden inzwischen in über 100 Ländern in nationales Recht umgesetzt und sind somit der international akzeptierte Standard (vgl. SEIDEL 2003, 29f.).

Durch das System der pauschalen Eigenkapitalunterlegung wird das individuelle Risiko der einzelnen Kreditposition nur ungenügend erfasst. Dies führt dazu, dass sowohl gute, als auch schlechte Bonitäten einen ähnlich hohen Zinssatz erhalten, die Zinskondition also nicht auf das individuelle Risiko angepasst ist. In der Konsequenz bedeutet dies, dass gute Bonitäten schlechte Bonitäten quersubventionieren. Da Kreditnehmer mit guten bis sehr guten Bonitäten aber auch andere Finanzierungsalternativen nutzen können, besteht die Gefahr, dass sich in den Kreditbüchern der Banken zunehmend schlechtere Risiken mit erhöhter Ausfallwahrscheinlichkeit sammeln. Diese Entwicklungen haben unter anderem dazu geführt, dass der Baseler Ausschuss neue Eigenkapitalanforderungen aufgelegt hat. Bei der Eigenkapitalunterlegung wird zwar weiterhin eine Unterlegung von durchschnittlich 8% angestrebt. Die Unterlegungsquote für die einzelne Kreditposition ist aber nun deutlich variabler und wird maßgeblich von der individuellen Bonität des Schuldners bestimmt. Neben dieser geänderten Eigenkapitalunterlegung sind zwei weitere Säulen bei den Baseler Regelungen hinzugekommen, die die bankenaufsichtliche Überprüfung und die Marktdisziplin der Banken betreffen.

Im Juni 2004 wurden die neuen Regelungen von Basel II sowohl von den Zentralbank-Präsidenten, als auch den Leitern der jeweiligen nationalen Banken-Aufsichten der G-10 Staaten verabschiedet. Gleichzeitig legte die Europäische Kommission eine Richtlinie für die Umsetzung in nationales Recht vor. Diese Umsetzung soll bis Ende 2006 abgeschlossen sein, so dass ab Anfang 2007 die neuen Regelungen angewendet werden können. Der Anpassungsprozess soll dann Anfang 2008 abgeschlossen sein (vgl. BUNDESBANK 2004, 75ff.). Dieser Zeitplan droht aber derzeit auf Grund von Änderungswünschen der Amerikaner zu kippen. Die Einführung der Basel II-Regelungen kann sich so unter Umständen auf Anfang 2009 verzögern oder noch eine Modifikation des Regelwerks erforderlich machen (O. VERF. 2006, 19).

Im Ergebnis sorgt die neue Eigenkapitalvereinbarung Basel II dafür, dass sich die Zinskonditionen und damit die Kreditpreise in Zukunft stärker an den individuellen Risiken der einzelnen Schuldner orientieren werden. Auf diese Weise wird die Bank die Kosten für die jeweilig erforderliche Eigenkapitalunterlegung entsprechend weitergeben. Grundlage für die Bewertung der Bonität eines Schuldners werden Ratings sein. Dabei können die Banken sowohl auf Ratings externer Agenturen zurückgreifen, als auch eigene, interne Ratings erstellen (vgl. HARTMANN-WENDELS u.a. 2002, 915ff.).

4.5.3 Einflussnahme auf das Ratingergebnis

Da der Hauptanteil des Ratingergebnisses durch die Bilanz- und Kennzahlenanalyse bestimmt wird, ist bei den Unternehmen ein Umdenken im Bilanzierungsprozess erforderlich. In Zukunft wird nicht mehr die gewinnminimierende und steuerlich orientierte Bilanzierungspolitik dominieren. Stattdessen wird sich eine ratingorienterte und bonitätsverbessernde Sichtweise durchsetzen. So können sich die Unternehmen einen langfristig gesicherten Zugang zu Fremdkapital zu vorteilhaften Konditionen sichern (vgl. BRUCKNER u.a. 2003, 80). Durch den Wechsel von einer „Null-Gewinn-Politik" hin zu einer Bilanzpolitik des ansehnlichen, aber einbehaltenen Gewinns wird die Eigenkapitalbasis der Unternehmen und damit ihre langfristige Krisensicherheit gestärkt. In diesem Zusammenhang dürfen die evtl. zu zahlenden höheren Steuern als eine Art Versicherungsprämie gegen den Insolvenzfall gesehen werden (vgl. DIHK 2003, 43f.).

Wie bereits oben erläutert wirkt sich der Einsatz von Leasing als Finanzierungsinstrument positiv auf die meisten Bilanzkennzahlen aus. Dadurch dass kein Anlagevermögen bilanziert werden muss, tritt keine Bilanzverlängerung auf. Dies ist der Grund für die positive Verbesserung vor allem der Eigenkapitalquote, aber auch anderer Kennzahlen. Und genau diese verbesserte Eigenkapitalquote ist eines der wichtigsten quantitativen Bewertungskriterien beim Unternehmensrating (vgl. BRUCKNER 2003, 81). Auch das im nächsten Abschnitt beschriebene Sale-and-lease-back Verfahren kann ein geeignetes Mittel sein, über einen Kapitalzufluss das Ratingergebniss zu verbessern (vgl. BRUCKNER 2003, 80ff.). Neben der quantitativen Betrachtung fließen in das Ratingergebnis auch qualitative Aspekte ein. Hierauf kann ein Unternehmen durch den geplanten Einsatz von Leasing ebenfalls positiven Einfluss nehmen. Durch den Einsatz von Leasing können wie oben schon ausgeführt einige Risiken, wie z.B. Überalterungsrisiko oder Verwertungsrisiko der Betriebsmittel, reduziert werden. Vorraussetzung dafür ist aber, dass dies in einer schlüssigen und nachvollziehbaren Unternehmensstrategie dokumentiert ist (vgl. SEIDEL 2003, 168ff.).

In den seltensten Fällen werden die Ratings aber ausschließlich auf Basis öffentlich zugänglicher Daten wie Jahresabschlüssen erstellt. Vielmehr müssen die Unternehmen den Ratingagenturen oder Banken weitere Einblicke in ihre Finanzverhältnisse gewähren, die über die Anhangsangaben im Jahresabschluss weit hinausgehen. Mit den gesammelten Informationen werden die Abschlussdaten einheitlich und standardisiert aufbereitet, um sie vergleichbarer zu machen. So werden die Einflüsse von verschiedenen Bilanzierungspraktiken oder Wahlrechten eliminiert (vgl. SEIDEL 2003, 78ff.). Ein weiteres Ziel dabei ist es, off-balance-sheet-Größen mit erfassen zu können. Hierzu werden Leasingverbindlichkeiten in der Regel mit ihrem Barwert in der modifizierten Bilanz angesetzt (vgl. EVERLING 2002, 975ff.). Ebenso muss beachtet werden, dass bei der quantitativen Analyse nicht nur statische Bilanzkennzahlen erfasst werden, sondern auch dynamische Kennzahlen aus dem Bereich der GuV und der Liquiditätsanalyse (vgl. BRUCKNER 2003, 40ff.). In diesem Bereich kann sich das Leasing durch seinen langfristigen Liquiditätsabfluss auch negativ auswirken. Die Auswirkungen auf das Ratingergebnis können also in beide Richtung ausfallen und müssen im Einzelfall gegenüber den weiteren Finanzierungsalternativen genau abgewogen werden. Wichtig ist es auf jeden Fall, egal welche Finanzierungsformen letztendlich eingesetzt werden, eine geplante und strukturierte Investitions- und Finanzierungspolitik zu verfolgen.

4.6 Sale-and-lease-back

Beim Sale-and-lease-back, einer besonderen Gestaltungsvariante des Leasings, verkauft ein Unternehmen Wirtschaftsgüter, die es bereits besitzt und zu betrieblichen Zwecken nutzt, an eine Leasinggesellschaft. Die Wirtschaftsgüter verbleiben aber im Betrieb und werden vom Unternehmen nun gegen Entrichtung von monatlichen Raten angemietet. Mit dem vereinnahmten Kaufpreis können dann z.B. Liquiditätsengpässe überbrückt oder Kapazitätserweiterungen finanziert werden (vgl. SPITTLER 1999, 10 und 63). Ein besonders spektakulärer und öffentlichkeitswirksamer Einsatz dieser Leasingmethode erfolgte im Frühjahr 2006 beim angeschlagenen Einzelhandelskonzern Karstadt. Dieser verkaufte die in seinem Besitz befindlichen Warenhaus-Immobilien und mietete diese dann zurück. Durch diese Maßnahme flossen dem Konzern 2,7 Mrd. Euro zu. Auf diese Weise konnten fast alle bestehenden langfristigen Verbindlichkeiten getilgt werden. Die Eigenkapitalquote stieg durch diese Maßnahme von 2,7 % auf 16,7 % (vgl. KARSTADTQUELLE AG 2006, 2006a).

Bei der Sale-and-lease-back Vertragsbeziehung fehlt die für Leasingverhältnisse typische Dreiecksbeziehung. Der Leasingnehmer tritt gleichzeitig auch als Hersteller, bzw. Verkäufer des Leasinggegenstandes auf (s. Abb. 6).

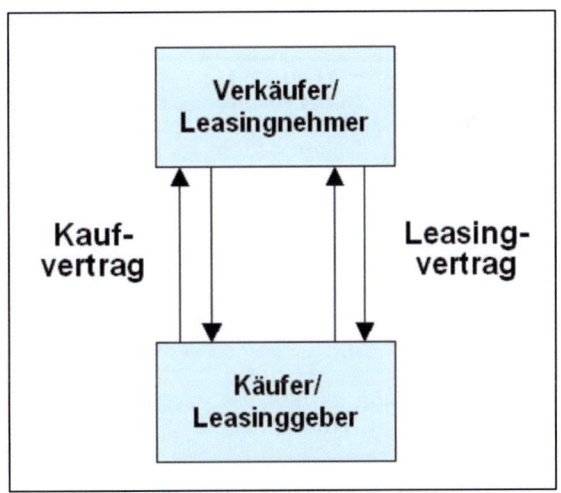

Abb. 6: Vertragsbeziehung Sale-and-lease-back, Quelle: BENDER 2005, 89

4.6.1 Gründe für Sale-and-lease-back aus Sicht des Leasinggebers

Auch im Rahmen der Finanzierung eines neuen Wirtschaftsgutes kann auf Bestreben des Leasinggebers das Sale-and-lease-back Verfahren eingesetzt werden. Wird eine Sachgesamtheit, z. B. eine EDV-Anlage bestehend aus verschiedenen Hard- und Softwarekomponenten, Gegenstand des Leasingvertrages, so würde der Leasinggeber dem Leasingnehmer vertraglich die Überlassung einer funktionsfähigen und gebrauchstüchtigen Anlage schulden. Andererseits hat er aber gegenüber den einzelnen Lieferanten der Teilkomponenten nur beschränkte Gewährleistungsansprüche. Insbesondere schuldet dem Leasinggeber kein einzelner Lieferant, noch deren Gesamtheit die Funktionsfähigkeit der Gesamtanlage. Für einen Leasinggeber, der auf die Finanzierungsfunktion spezialisiert ist, wäre das Risiko hier zu groß. Deshalb verlangt er vom Leasingnehmer, dass dieser ihm eine funktionstüchtige Gesamtanlage verschafft. Diese kann er nun ohne weitere Verantwortlichkeit für Sach- und Rechtsmängel an den Leasingnehmer zurück vermieten (vgl. BENDER 2005, 88ff.).

4.6.2 Gründe für Sale-and-lease-back aus Sicht des Leasingnehmers

Für den Verkäufer gibt es zwei Situationen, in denen er das Sale-and-lease-back Verfahren einsetzt: Zum einen zur Kapitalfreisetzung (Liquiditätsverbesserung und Hebung stiller Reserven) und zum anderen zur Refinanzierung bei Herstellern, die selber in größerem Maße ihre Produkte weitervermieten. Die zweite Variante ist oftmals im EDV- und Büromaschinen-Bereich anzutreffen. Viele Hersteller verkaufen ihre Maschinen und Anlagen nicht an ihre Kunden, sondern vermieten diese. Dadurch fließt aber unmittelbar nach der Produktion des Wirtschaftsguts kein Umsatzerlös, sondern zeitlich gestreckt. Der Hersteller braucht aber nun direkt neues Kapital, um die nächsten Verkaufsprodukte herstellen zu können. Deswegen verkauft er die frisch produzierten Maschinen an eine Leasinggesellschaft und mietet diese dann mit der Erlaubnis zur Untervermietung zurück. Die Ansprüche aus den Mietverträgen mit den Endkunden werden dann als Sicherheit an die Leasinggesellschaft abgetreten. Verzichtet die Leasinggesellschaft auf die Offenlegung der Zession, kann der Hersteller als alleiniger Geschäftspartner des Kunden auftreten. Er hat aber sofort einen erfolgswirksamen Umsatzerlös tätigen können, der ihm neue Liquidität verschafft. Die Mieteinnahmen werden dann an die Leasinggesellschaft durchgeleitet. Zusätzlich zur Liquiditäts-verbesserung spricht für diese Variante des Sale-and-lease-back Verfahrens die

Verbesserung der Bilanzsituation. Durch die Vielzahl an Aktivpositionen und korrespondierenden Verbindlichkeiten sinkt die Eigenkapitalquote immer weiter. Der Verkauf an die Leasinggesellschaft sorgt nun dafür, dass die Bilanzstruktur deutlich verbessert wird. Betriebswirtschaftlich ist diese Variante dem Bereich der Refinanzierung zuzuordnen (vgl. SPITTLER 1999, 34ff.).

Meistens sind die Motive zum Einsatz des Sale-and-lease-back Verfahrens Liquiditäts-verbesserung und Verbesserung der Bilanzstruktur, so auch im eingangs angesprochenen Beispiel von KarstadtQuelle. Gegenstand dieser Verträge sind oftmals betrieblich genutzte Gebäude, da diese ein langfristiges betriebliches Nutzungspotenzial und eine hohe Wertbeständigkeit bieten. Wirtschaftsgüter, die einem vergleichsweise hohen technischen oder wirtschaftlichem Verschleiß unterliegen, z. B. Fahrzeuge, werden wegen ihres erhöhten Objektrisikos für den Leasinggeber eher selten dafür hergenommen. Das im Anlagegut gebundene Kapital wird durch den Verkauf freigesetzt und stille Reserven werden gehoben. Gleichzeitig behält das Unternehmen aber das mittel- und langfristige Nutzungsrecht, häufig verbunden mit Verlängerungs- oder Rückkaufsoptionen. Da die Leasingraten abzugsfähige Betriebsausgaben sind, können aus einem evtl. weitgehend abgeschriebenen Wirtschaftsgut wieder steuerlich absetzbare Aufwendungen erzeugt werden.

Die durch den Verkauf zufließende Liquidität kann zu Erweiterungsinvestitionen oder zur Tilgung von Schulden eingesetzt werden. Werden Schulden getilgt, so verkürzt sich durch den Wegfall von Aktiv- und Passivpositionen die Bilanzsumme. Wie im Abschnitt 4.2 erläutert, verbessern sich dadurch etliche Bilanzkennzahlen, was die Aufnahme neuen Fremdkapitals erleichtert. Auch kann durch diese Maßnahme die Größenklasse des Unternehmens evtl. geändert werden, so dass es geringere Offenlegungs- und Publizitätspflichten erfüllen muss. Diese Effekte werden aber nur erreicht, wenn der Verkaufserlös durch Nutzung von z. B. Verlustvorträgen nicht wesentlich durch die Ertragsbesteuerung abgeschöpft wird. Nur dann wirkt sich die Verringerung des bilanziellen Anlagevermögens positiv auf die entsprechenden Bilanzpositionen aus. Außerdem muss beim Einsatz der Sale-and-lease-back Methode immer die Folgewirkung für die künftigen Perioden berücksichtigt werden. Durch die fälligen Leasingraten findet ein kontinuierlicher Liquiditätsabfluss ab, der sich natürlich auch dauerhaft auf die Erfolgssituation des Unternehmens auswirkt. Dieser Effekt ist bei der Wahl des geeigneten Verkaufspreises zu berücksichtigen. Wird dieser niedrig angesetzt, was der Leasinggeber aus Risikoaspekten natürlich für wünschenswert ansieht, so fließt dem Unternehmen zwar nur verhältnismäßig wenig Liquidität zu, der Erfolgsaufwand für die folgenden Perioden durch die Leasingraten hält sich aber auch in einem überschaubaren Rahmen. Wird der Verkaufspreis allerdings hoch angesetzt, steht dem einmaligen positiven Liquiditätseffekt ein kontinuierlicher Liquiditätsabfluss entgegen, der durch entsprechende Umsatzerlöse erst noch erwirtschaftet werden muss. Von daher kann ein sanierungsbedürftiges Unternehmen durch die Anwendung dieser Methode zwar kurzfristig gerettet werden, aber, sollten strukturelle Veränderungen unterbleiben, langfristig erst recht in die Insolvenz gezwungen werden (vgl. BENDER 2005, 88ff.).

4.6.3 Rechtliche Aspekte beim Sale-and-lease-back

Bei Anwendung dieses Verfahrens werden zwei rechtlich selbstständige Verträge abgeschlossen: Der Kaufvertrag und der Leasingvertrag. Der Kaufvertrag kommt dabei aber nicht durch Einigung und Übergabe zu Stande, da typischerweise die Übergabe fehlt. Diese wird durch ein Besitzkonstitut nach § 930 BGB in Form des Leasingvertrages ersetzt. Dies bedingt dann aber nach § 933 BGB, das der Leasinggeber nicht gutgläubiger Erwerber des Leasinggegenstandes sein kann, da die hierfür zwingend erforderliche Übergabe nicht stattfindet. Der Leasinggeber muss von daher besonders vorsichtig sein, ob Eigentumsvorbehalte oder anderweitige Besitzansprüche Dritter an dem Leasingobjekt bestehen. Dies ist besonders wichtig, wenn z. B. der tatsächliche Hersteller des Leasingobjektes diesen nur unter Eigentumsvorbehalt geliefert hat. Leitet der Leasingnehmer den vom Leasinggeber erhaltenen Verkaufspreis nicht an den Hersteller weiter, so erlischt dessen Eigentumsvorbehalt nicht. Aber auch wenn z. B. ein Gebäude veräußert wird, dessen Grundstück grundpfandrechtlich belastet ist, muss der Leasinggeber besondere Vorsicht walten lassen. Denn solange der Gegenstand nicht vom belasteten Grundstück entfernt wird, was bei einem Gebäude schwerlich überhaupt möglich ist, besteht der Anspruch des Pfandrechtsinhabers nach § 1121 BGB weiter. Deshalb sollte der Leasinggeber sich eine entsprechende Freigabeerklärung des Pfandrechtsgläubigers einholen.

Aber auch in Bezug auf die Gewährleistungshaftung ist besondere Vorsicht geboten. Beim gewöhnlichen Dreiecksverhältnis tritt der Leasinggeber seinen Gewährleistungs-anspruch, den er gegen den Hersteller hat, an den Leasingnehmer ab. Mit der Abtretung zeichnet er sich gleichzeitig aus seiner Gewährleistungspflicht als Vermieter dem Leasingnehmer gegenüber frei. Sind dann die kaufrechtlichen Gewährleistungsansprüche verjährt, bleibt die Freizeichnung bestehen. In der Folge braucht der Leasinggeber für Mängel an dem Leasingobjekt nicht einzustehen. Beim Sale-and-lease-back ist nun der Leasingnehmer gleichzeitig Verkäufer und Mieter des Leasingobjekts. Ein Anspruch aus dem Mietvertrag gegen den Leasinggeber wegen eines Mangels am Leasingobjekt würde auf Grund des Kaufvertrages auf den Leasingnehmer zurückfallen und somit nichtig werden. Eine Freizeichnung ist hier aber für den Leasinggeber wieder unerlässlich, da die Ansprüche aus dem Kaufvertrag verjähren, die aus dem Mietvertrag jedoch nicht. Bezüglich der genauen Ausgestaltung der Freizeichnungsmodalitäten bestehen jedoch noch rechtliche Unklarheiten, da die Rechtssprechung des BGH hier aktuell noch uneinheitlich ist und Regelungslücken aufweist.

Steuerrechtlich sind auch Sale-and-lease-back Verträge grundsätzlich anerkannt. Bei gebrauchten Leasinggegenständen, die schon einen Teil ihrer betriebsgewöhnlichen Nutzungsdauer im Eigentum des Leasingnehmers verbracht haben, sind die Regelungen der Leasingerlasse genauestens zu beachten, um die steuerliche Anerkennung zur Absetzbarkeit der Leasingraten zu erhalten: Die Restnutzungsdauer zum Abschluss des Leasingverhältnisses muss noch mind. 40 % der gesamten betriebsgewöhnlichen Nutzungsdauer und der Restwert nach Ablauf des Vertrages muss mind. 10 % des ursprünglichen Neuwertes betragen. Ein dem Leasingvertrag zu Grunde liegender Verkaufspreis unter dem tatsächlichen Buchwert ist ebenfalls erlaubt, wodurch ein sofortiger, steuerlich anrechenbarer Verlust entsteht (vgl. BENDER 2005, 91 ff.).

5   Vergleich Leasing und Kauf mittels Kredit

Um die Vorteilhaftigkeit einer Investition oder der Finanzierung einer Investition bestimmen zu können, kennt die Betriebswirtschaftslehre viele Verfahren. Hierbei werden die Einnahmen den Ausgaben der jeweiligen Investitionsvorhaben gegenübergestellt. Erstreckt sich das Investitions- oder Finanzierungsvorhaben über mehrere Perioden, so fallen in der Regel die Einzahlungen und Auszahlungen zeitlich nicht gleich an. Daher werden diese auf den Anfangs- oder Endzeitpunkt ab- oder aufgezinst, um die Zahlungsreihen vergleichbar machen zu können (vgl. PERRIDON/STEINER 2004, 37ff.). Beim Vergleich zwischen verschiedenen Finanzierungsvarianten sind die Einnahmen in der Regel gleich, da ja das selbe Wirtschaftsgut finanziert wird. Von daher braucht bei einer Vorteilhaftigkeitsbetrachtung verschiedener Finanzierungsalternativen auch nur die Ausgabenseite betrachtet werden.

Um die Finanzierung mittels Leasing mit der durch einen Kreditkauf vergleichen zu können, muss von annähernd gleichen Ausgangsbedingungen ausgegangen werden. Dies ist beim Kreditkauf nur gewährleistet, wenn das Objekt vollständig fremdfinanziert wird. Eine Mischfinanzierung ist mit einer Leasingfinanzierung nicht vernünftig vergleichbar (vgl. BENDER 2001, 99ff.). Die Vorteilhaftigkeit einer Finanzierungsvariante muss zudem in jedem Einzelfall erneut ermittelt werden, da diese von zu vielen Parametern und der individuellen Unternehmenssituation abhängt. Neben der quantitativen Betrachtung muss auch immer berücksichtigt werden, wie die geplante Finanzierungsvariante in die Finanzierungspolitik und in die allgemeine Unternehmenspolitik passt. Denn bei der grundsätzlichen Fragestellung, ob Eigen- oder Fremdkapital für die Finanzierung eines Investitionsvorhabens eingesetzt werden soll, spielen neben den quantitativen Aspekten auch noch andere Faktoren eine Rolle (vgl. SPITTLER 1999, 49ff.).

5.1   Qualitativer Vergleich

In den bisherigen Ausführungen wurden schon viele spezifische Vorteile des Leasings aufgezeigt und kritisch diskutiert. Von daher soll an dieser Stelle ausschließlich eine kurze, nicht erschöpfende Gegenüberstellung von Leasing und Kreditkauf erfolgen. Der Kreditkauf bezieht sich hierbei auf einen Annuitätenkredit mit festem Zinssatz während der Laufzeit. Dieser entspricht in seiner vertraglichen Ausgestaltung am ehesten einem Leasingvertrag. Außerdem wird das Wirtschaftsgut vollständig fremdfinanziert, es findet also kein Eigenkapitaleinsatz statt. Die Reihenfolge der Punkte erfolgt ohne besondere Gewichtung.

Steuerliche Auswirkungen: Der Leasingnehmer kann nach § 4 EStG die volle Leasingrate absetzen. Beim Kreditkauf hingegen können neben den Fremdkapitalzinsen nur die Absetzungen für Abnutzung (AfA) gemäß § 7 EStG abgesetzt werden. Bei der Gewerbesteuer müssen nach Abzug der Leasingraten keine Hinzurechnungen vorgenommen werden, wohingegen beim Kreditkauf die Hälfte der Dauerschuldzinsen der Berechnungsgrundlage wieder zugerechnet werden müssen (§ 8 Nr. 1 GewStG).

Anschaffungs- oder Herstellungskosten: Da die Leasinggesellschaften in der Regel am Markt als Großabnehmer auftreten, können sie meistens bessere Einkaufs-konditionen erreichen, die an den Leasingnehmer weitergegeben werden. Außerdem haben sie meistens einen besseren Überblick über den bundes- oder gar weltweiten Markt und verfügen über langjährige Erfahrung in der Beschaffung der zu finanzierenden Wirtschaftsgüter.

Kreditspielraum: Durch den Leasingvertrag werden in der Regel die bestehenden Kreditlinien bei den Banken nicht belastet oder eingeschränkt. Außerdem sind die Leasinggesellschaften durch ihre bessere rechtliche Stellung im Insolvenzfall tendenziell bereit, auch Leasingnehmer mit schlechteren Bonitäten anzunehmen.

Laufende Kosten: Ohne Berücksichtigung steuerlicher Aspekte fallen beim Leasing höhere laufende Kosten an, als beim Kreditkauf. Die Leasinggesellschaft refinanziert sich in der Regel zu einem ähnlichen Zinssatz, den das Unternehmen beim Kreditkauf auch erhalten würde. Allerdings muss die Leasinggesellschaft ihre eigenen Kosten, sowie eine Gewinnmarge durch einen Aufschlag an den Leasingnehmer weitergeben.

Liquidität: In Bezug auf die Liquidität gibt es zwischen einem Leasingvertrag und einer längerfristigen Fremdkapitalfinanzierung keinen Unterschied, da bei beiden über einen längeren Zeitraum regelmäßig Liquidität abfließt.

Flexibilität: Durch die in der Regel kurzen Grundmietzeit besteht beim Leasingvertrag eher die Möglichkeit, sich dem technischen Fortschritt durch planmäßigen Austausch des Wirtschaftsgutes anzupassen. Beim Kreditkauf, müsste dieses dazu jedes Mal verkauft werden, wobei ein nicht unerhebliches Restwertrisiko besteht.

Bilanzwirksamkeit: Beim Kreditkauf muss das Investitionsobjekt im Anlagevermögen aktiviert und der Kredit als Verbindlichkeit passiviert werden. Das Leasinggut und der – vertrag erscheinen hingegen nicht in der Bilanz. Lediglich im Anhang müssen je nach Größenklasse Pflichtangaben dazu gemacht werden. Dies sorgt für eine niedrigere Bilanzsumme und teilweise besseren Bilanzkennzahlen. Daraus können unter Umständen bessere Finanzierungsmöglichkeiten entstehen. Allerdings fragen viele Banken und Ratingagenturen bei Bonitätsüberprüfungen Leasingverträge ab und berücksichtigen diese bei ihrer Einschätzung.

Risikoaspekte: Das Eigentümerrisiko (Gefahr des Untergangs, Beschädigung etc.) liegt beim Kreditkauf ausschließlich beim Unternehmen als Eigentümer. Beim Leasingverhältnis ist der Leasinggeber Eigentümer des Wirtschaftsgutes. Allerdings wälzt er sein Risiko durch die Vertragsgestaltung auf den Leasingnehmer ab, ergänzt durch eine Instandhaltungspflicht. Oftmals besteht die zusätzlich Verpflichtung Versicherungen gegen verschiedene Risiken abzuschließen. Auch die Gewährleistungsansprüchen werden an den Leasingnehmer abgetreten. Von daher ist die Stellung des Leasingnehmers der des Eigentümers beim Kreditkauf ähnlich. Ist allerdings in ein falsches Objekt investiert worden, so ist der Leasingnehmer erstmals an seine unkündbare Grundmietzeit gebunden. Der Kreditkäufer kann hier aber deutlich flexibler durch einen Verkauf des Objekts und Rückführung des Kredites reagieren. Im Falle des Fehlinvestitionsrisikos ist der Leasingnehmer auf das Entgegenkommen seiner Leasinggesellschaft angewiesen.

Service: Beim Leasingverhältnisse können zusätzlich zum Wirtschaftsobjekt noch weitere, meist kostenpflichtige Dienstleistungen erworben werden. Diese betreffen in der Regel den Bereich Wartung und Instandhaltung, aber auch z.B. Versicherungen. Durch diese zusätzlichen Serviceleistungen erhält der Leasingnehmer eine Lösung aus einer Hand. Der Kreditkäufer hingegen muss diese Dienstleistungen von anderen Anbietern separat hinzukaufen.

Kalkulationsbasis: Der Leasingvertrag kann während der vertraglich vereinbarten Grundmietzeit nicht gekündigt oder in den Konditionen verändert werden. Zudem sind meistens die Restwerte nach Ablaufzeit der Grundmietzeit mit einem Mindestbetrag festgeschrieben. Dies gibt dem Leasingnehmer eine größtmögliche Kalkulationssicherheit. Beim Kreditkauf besteht zwar auch Sicherheit bezüglich der vereinbarten Kreditraten (sofern ein Festzinskredit vereinbart wurde), allerdings hat das Unternehmen für den zu erzielenden Verkaufserlös nach Ablauf der betrieblichen Nutzung keine Sicherheit.

Sicherheiten: Beim Leasing sind normalerweise keine weiteren Sicherheiten nötig. Durch das Aussonderungsrecht im Insolvenzfall reicht der Leasinggesellschaft das Leasingobjekt in der Regel als alleinige Sicherheit. Beim Kreditkauf kann das Kreditinstitut aber weitergehende Sicherheiten verlangen.

Aus dieser kurzen Gegenüberstellung kann man ersehen, dass es spezifische Vor- und Nachteile für das Finanzierungsinstrument Leasing gibt. Eine eindeutige Vorteilhaftigkeit für das Leasing lässt sich aber nicht ableiten. Vielmehr muss, wie schon an anderer Stelle erwähnt, die Finanzierungsvariante auf die allgemeine strategische Ausrichtung des Unternehmens und seine Finanzierungspolitik abgestimmt werden (vgl. BENDER 2001, 99ff.).

5.2 Quantitativer Vergleich

Aus den Ergebnissen des qualitativen Vergleichs ist schon abzulesen, dass die Entscheidung für oder gegen Leasing als Finanzierungsinstrument ein multidimensionales Problem ist. Zudem ist diese Entscheidung auch sehr stark vom individuellen Einzelfall abhängig. Von daher kann auch kein verallgemeinernder, quantitativer Vergleich aufgestellt werden. Im folgenden Abschnitt zeige ich deshalb exemplarisch auf, wie für einen konkreten Finanzierungszweck ein solcher Vergleich aussehen kann. Das Ergebnis ist dabei aber sehr stark von der jeweiligen betrieblichen Situation und den genauen Angebotskonditionen der Finanzierungsalternativen abhängig.

5.2.1 Berechnungsgrundlagen

Eine Beratungsfirma (Beratungs GmbH) in der Rechtsform einer Kapitalgesellschaft mit beschränkter Haftung will für den Geschäftsführer einen Firmenwagen anschaffen, damit dieser die Mandanten der Firma besuchen kann. Dabei soll ein Fahrzeug der oberen Mittelklasse eines deutschen Premium-Herstellers angeschafft werden, dessen Kaufpreis 46.900 € zuzüglich MwSt beträgt. Die Firma erwirtschaftet derzeit einen Jahresüberschuss vor Steuern von 60.000 €. Dieser Jahresüberschuss wird auch für die nächsten Jahre erwartet. Vorhandenes Eigenkapital soll für die Anschaffung des PKW nicht eingesetzt werden, sondern das Fahrzeug soll vollständig fremdfinanziert werden. Die Firma plant, das Fahrzeug für einen Zeitraum von drei Jahren zu nutzen. Aus Image- und Prestigegründen soll das Fahrzeug danach gegen ein neues ausgetauscht werden.

Da durch den Einsatz des Fahrzeuges kein diesem eindeutig zuzuordnender Mehrumsatz erzeugt wird, braucht für die Betrachtung der beiden Finanzierungsalternativen nur die Kostenseite betrachtet werden. Messgröße für die Betrachtung soll der Gewinn nach Steuern sein. Diese Größe soll dynamisch betrachtet werden, da der Finanzierungsvorgang über einen mehrperiodigen Zeitraum von drei Jahren läuft. Da Zahlungen in späteren Perioden einen anderen wirtschaftlichen Gegenwartswert haben, soll dabei der abgezinste Barwert betrachtet werden. Bei Vergleichen unter Zuhilfenahme des Barwertes spielt der Abzinsungsfaktor eine wichtige Rolle (vgl. OLFERT/REICHEL 2005, 87ff.). Deshalb wird mit drei verschiedenen Abzinsungsfaktoren von 6%, 10% und 15% gerechnet. Die Abzinsung wird aus Vereinfachungsgründen immer auf die kumulierten Jahresendwerte durchgeführt.

Eine Analyse der Liquiditätsveränderung wird nicht durchgeführt, da bei beiden Varianten eine monatliche Belastung in vergleichbarer Größenordnung auftritt. Das Fahrzeug soll zum 1.1. eines Jahres angeschafft werden, um keine unterjährige Betrachtung anstellen zu müssen. Im Falle des Kreditkaufs muss das Fahrzeug abgeschrieben werden. Hierbei wird gemäß derzeitig gültiger AfA-Tabelle des Bundesministeriums für Finanzen eine Nutzungsdauer von sechs Jahren unterstellt. Um eine möglichst hohe Abschreibungswirkung zu erzielen, wird die Form der degressiven Abschreibung genutzt. Der dabei verwendete Abschreibungssatz beträgt 30% gemäß dem Gesetz zur steuerlichen Förderung von Wachstum und Beschäftigung vom 26. April 2006. Der Abschreibungsverlauf ist in Anlage 1 dargestellt.

Bei der Betrachtung der steuerlichen Auswirkungen wird mit folgenden Annahmen gerechnet: Der aktuelle Jahresüberschuss vor Steuern von 60.000 € ist gleichzeitig die Ausgangsbasis für die Berechnung der Gewerbesteuer. Diese Vereinfachung ist zulässig, da der Vergleich beider Varianten über die Differenz des Jahresergebnisses nach Steuern getroffen wird und nicht nach dessen absoluter Größe. Als Hebesatz für die Gewerbesteuer wird der derzeit für die Stadt Köln gültige Hebesatz von 450% angewandt (vgl. AMT FÜR WIRTSCHAFTSFÖRDERUNG 2006). Der Körperschaftssteuersatz beträgt 25% zuzüglich davon 5,5% Solidaritätszuschlag. Die Eckdaten des verwendeten Beispiels sind in Tab. 1 zusammengefasst.

Tab. 1: Rahmendaten des Berechnungsbeispiels, Quelle: EIGENE DATEN

Beratungs GmbH	
Jahresüberschuss vor Steuern	60.000 €
Kaufpreis PKW exkl. MwSt	46.900 €
Hebesatz Gewerbesteuer	450%
Körperschaftssteuersatz inkl. Soli	26,375%
Abschreibung	degressiv mit 30%

5.2.2 Die beiden Finanzierungsalternativen

Als Vergleich zur Leasingfinanzierung wird eine Kreditfinanzierung des kompletten Kaufpreises herangezogen. Da die betrachtete Kapitalgesellschaft vorsteuerabzugsberechtigt ist, wird bei beiden Varianten der Kaufpreis ohne Umsatzsteuer finanziert. Auch bei der Betrachtung der Leasingraten wird diese nicht betrachtet. Die Umsatzsteuer ist zwar zunächst vom Unternehmen zu zahlen, stellt aber lediglich einen durchlaufenden Posten dar. Von daher wird aus Vereinfachungsgründen davon ausgegangen, dass die Steuerzahlung und der Vorsteuerabzug in der selben Periode anfallen. Betrachtet wird also nur der tatsächlich vom Betrieb aufzuwendende Netto-Betrag. Beim Veräußerungserlös der kreditfinanzierten Variante wird ebenfalls nur der Netto-Veräußerungspreis ohne Umsatzsteuer berücksichtigt. Beide Angebote wurden als Standardangebote ohne Berücksichtigung von Sonderaktionen oder -konditionen seitens des Herstellers oder Händlers eingeholt.

Das Leasing erfolgt mittels eines Standard-Leasingprodukts. Es wird eine Nutzungsdauer des Fahrzeugs von 36 Monaten und eine Gesamtfahrleistung von 60.000 km vereinbart. Wird diese Gesamtfahrleistung über- oder unterschritten, so ist ein Mehr- oder Minder-Kilometer Satz vereinbart, der pro zuviel oder zuwenig gefahrenen

Kilometer entweder gezahlt oder erstattet wird. Eine Leasing-Sonderzahlung zu Beginn des Vertrages oder weitere Optionen sind nicht vereinbart. Die Eckdaten sind in Tab. 2 zusammengefasst. Der Leasingvertrag ist erlasskonform gestaltet, so dass eine Bilanzierung beim Leasinggeber erfolgt.

Tab 2.: Eckdaten Fahrzeug-Leasing, Quelle: BMW LEASING GMBH

Fahrzeug-Leasing	
Monatliche Leasingrate exkl. MwSt	947,75 €
Laufzeit	36 Monate
Gesamtfahrleistung	60.000 Kilometer
Mehr-Kilometer-Satz	7,04 Cent/km
Minder-Kilometer-Satz	4,69 Cent/km

Um eine möglichst vergleichbare Finanzierungsalternative zum Leasing zu erhalten, wird eine sog. Ballon-Finanzierung verwendet. Hierbei wird der finanzierte Betrag nicht komplett während der Kreditlaufzeit zurückgeführt. Vielmehr ist die Tilgungshöhe so bemessen, dass der noch offene Restbetrag am Ende der Laufzeit dem erwarteten Restwert des Fahrzeugs entspricht. Der Kunde kann das Fahrzeug dann an den Händler zurück verkaufen und mit dem Verkaufspreis den noch offenen Kreditbetrag tilgen. Hierzu erhält er vom Händler eine Ankaufsgarantie. Wird die vereinbarte Gesamtfahrleistung nicht überschritten, so verpflichtet sich der Händler, das Fahrzeug zu dem vereinbarten Restwert zurück zu kaufen. Eine erhöhte Fahrleistung wird dabei analog zum Leasing durch einen Mehr-Kilometer-Satz ausgeglichen. Allerdings gibt es keinen Minder-Kilometer-Satz. Der Zinssatz ist für die Laufzeit als fest vereinbart und die monatliche Rate ist ebenfalls konstant (Annuität). Die genauen Eckdaten der Fahrzeug-Finanzierung sind in Tab. 3 zusammengefasst. Ein genauer Verlauf der Fahrzeug-Finanzierung ist in Anlage 2 dargestellt. Dort ist auch die genaue Entwicklung des Darlehenskontos dargestellt.

Tab. 3: Eckdaten der Fahrzeug-Finanzierung, Quelle: BMW Bank GmbH

Fahrzeug-Finanzierung	
Kreditbetrag	46.900 €
Kreditlaufzeit	36 Monate
Bearbeitungsgebühr (2%)	938 €
Zinssatz nom. p.a.	5,8167%
Zinssatz eff. p.a.	6,99 %
Monatliche Kreditrate (35 Raten)	888,17 €
Schlussrate	22.981 €
Gesamtfahrleistung	60.000 km
Garantierter Restwert	22.981 €
Mehr-Kilometer-Satz	7,04 Cent/km

Beide Varianten bieten ähnliche Rahmenbedingungen für das Unternehmen. Nach der dreijährigen Nutzung kann das Fahrzeug bei beiden Varianten zurückgegeben werden. Und insofern die vereinbarte Gesamtfahrleistung nicht überschritten wird, entstehen dem Unternehmen dann keine weiteren Kosten. Das Restwertrisiko liegt in beiden Fällen beim Händler, sofern das Fahrzeug in einem beschädigungsfreien und gepflegten Zustand zurückgegeben wird. Anhand der beiden Varianten erkennt man auch den weiter oben schon angesprochenen Effekt, dass Leasing bei vergleichbaren Rahmenbedingungen tendenziell zu einer höheren monatlichen Rate führt, da die Leasinggesellschaft ihre Kosten und Gewinnmarge auf den Kunden abwälzt.

5.2.3 Auswirkungen auf das Nachsteuerergebnis

Als Messgröße für die erfolgswirksamen Auswirkungen der beiden Finanzierungs- varianten soll nun der Jahresüberschuss nach Steuern betrachtet werden. Bei der Leasingvariante wird hierzu die komplette Leasingrate vom Jahresüberschuss vor Steuern abgezogen. Dieser neu errechnete Jahresüberschuss ist dann auch die Basis für die Ermittlung der Steuerbelastung, da die Leasingrate sowohl bei der Einkommenssteuer, als auch bei der Gewerbesteuer abgesetzt werden kann. Bei der Gewerbesteuer muss zusätzlich berücksichtigt werden, dass diese ihre eigene Bemessungsgrundlage kürzt. Die Berechnung erfolgt deshalb mit einem entsprechenden Korrekturfaktor (vgl. SPITTLER 1999, 51):

$$Gewerbeertragssteuersatz = \frac{Hebesatz \; x \; Steuerme\beta zahl}{1 + Hebesatz \; x \; Steuermesszahl}$$

Die Differenz des Jahresüberschusses nach Steuern ergibt sich nun aus der Differenz des Jahresüberschusses vor Steuern abzüglich der jeweiligen Differenzen der beiden Steuerarten. Die so ermittelten Werte für jedes Jahr werden mit den drei Abzinsungsfaktoren (6%, 10%, 15%) jeweils auf den Zeitpunkt Null abgezinst. Die Summe der drei abgezinsten Jahreswerte eines Abzinsungsfaktors ist dann der gesuchte Barwert für die Änderung des Nachsteuerergebnisses. Die entsprechenden Werte für die Leasingvariante können im Detail der Anlage 3 entnommen werden. Die ermittelten Werte sind so zu verstehen, dass der Jahresüberschuss nach Steuern auf Grund der Anschaffung des Fahrzeugs um den entsprechenden Betrag geringer ausfällt, daher auch das negative Vorzeichen.

Bei der Ermittlung der Änderung des Nachsteuerergebnisses im Fall der Variante des Kreditkaufs muss ein anderer Rechenweg genutzt werden. Erfolgswirksam ist hier nicht die Kreditzahlung in ihrer ganzen Höhe, sondern lediglich der Zinsanteil. Nur dieser Anteil darf vom Vorsteuerergebnis abgezogen werden. Zusätzlich wird noch die Abschreibung auf den Buchwert des PKW erfolgsmindernd angesetzt. Wie bereits oben erläutert, wird hierzu eine degressive Abschreibung mit 30% angewendet (Verlauf siehe Anlage 1). Durch die Anwendung der degressiven Abschreibung ergibt sich am Ende des dritten Jahres ein Buchwert, der geringer ist, als der erzielte Verkaufserlös des Fahrzeugs. Diese Differenz muss dem Jahresergebnis dieses Jahres wieder zugeschrieben werden. Auch bei der Berechnung der steuerlichen Differenz gibt es Unterschiede. Die Ermittlung der Körperschaftssteuer ist gleich. Bei der Gewerbesteuer müssen jedoch Dauerschuldzinsen zur Hälfte der Bemessungsgrundlage wieder zugerechnet werden (§ 8 Nr. 1 GewStG). Bei der Ermittlung der neuen Gewerbesteuerlast ist dieser Umstand also zu berücksichtigen und die Hälfte des Zinsanteils der Bemessungsgrundlage wieder zuzurechen. Zur Berechnung der Gewerbesteuerlast wird ebenfalls der Korrekturfaktor angewendet. Die Ermittlung der Differenz des Nachsteuergewinns ist dann wieder analog zum Leasingfall, ebenso die Abzinsung und Ermittlung des Barwerts. Die Ergebnisse im Detail können der Anlage 4 entnommen werden.

Tab. 4: Änderung des Nachsteuerergebnisses, Quelle: EIGENE BERECHNUNGEN

	Änderung des Nachsteuerergebnisses		
	Jahr 1	Jahr 2	Jahr 3
Leasing	-6.284,45 €	-6.284,45 €	-6.284,45 €
Kreditkauf	-10.034,71 €	-6.786,57 €	-1.014,31 €

Vergleicht man nun beide Varianten miteinander (siehe Tab. 4), so fällt auf, dass beim Leasing die Änderung jedes Jahr gleich groß ausfällt. Beim Kreditkauf jedoch tritt im ersten Jahr eine sehr große Minderung des Ergebnisses auf, die in den beiden Folgejahren jeweils stark abnimmt. Dieser Effekt kommt durch die gewählte degressive Abschreibung zu Stande. Zusätzlich muss im letzten Jahr noch die Zuschreibung für den geringeren Buchwert im Vergleich zum erzielten Verkaufserlös gemacht werden. Den zeitlichen Verlauf der beiden Varianten kann man auch schön aus der Abb. 7 ersehen. Hier sieht man auch, dass der Kreditkauf in den ersten beiden Jahren eine absolut höhere Minderung des Gewinns nach Steuern erzeugt als das Leasing, wohingegen im dritten Jahr die Gewinnminderung deutlich geringer ausfällt.

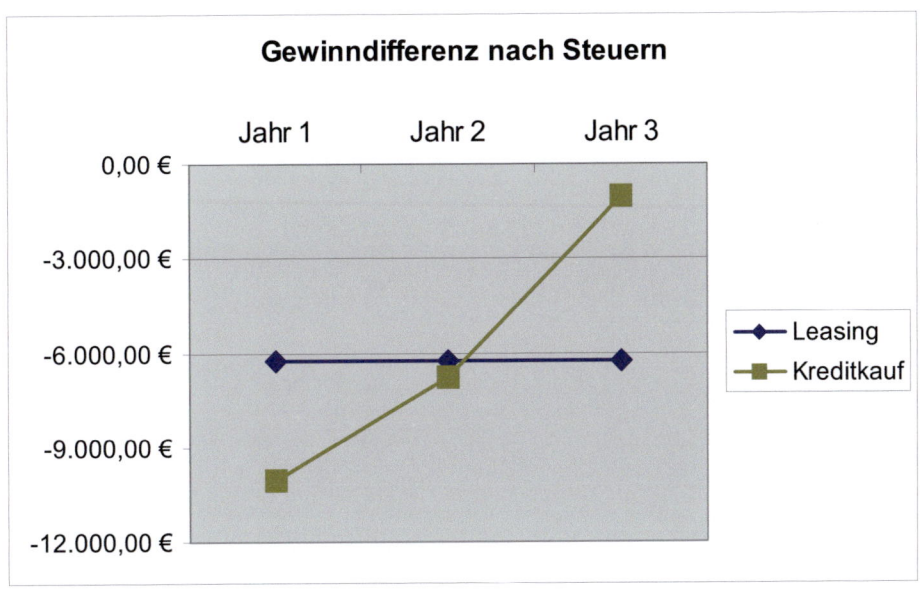

Abb. 7: Gewinndifferenz nach Steuern, Quelle: EIGENE BERECHNUNGEN

5.2.4 Wertung des Vergleichs

An Hand des in Abb. 7 dargestellten Verlaufs der zeitlichen Entwicklung des Nachsteuergewinns kann man gut sehen, dass durch die zeitlich unterschiedlich ausgeprägten Verläufe beider Varianten ein Vergleich nur über die abgezinsten Barwerte durchgeführt werden kann. Die Gegenüberstellung der Barwerte der beiden untersuchten Finanzierungsalternativen ist in Tab. 5 zu sehen. Eine grafische Aufarbeitung kann der Abb. 8 entnommen werden.

Tab. 5: Barwerte der Änderungen des Nachsteuerergebnisses, Quelle: EIGENE BERECHNUNGEN

Barwerte der Änderungen des Nachsteuerergebnisses			
	Abzinsungsfaktor 6%	Abzinsungsfaktor 10%	Abzinsungsfaktor 15%
Leasing	-16.798,42 €	-15.628,50 €	-14.348,82 €
Kreditkauf	-16.358,36 €	-15.493,26 €	-14.524,38 €

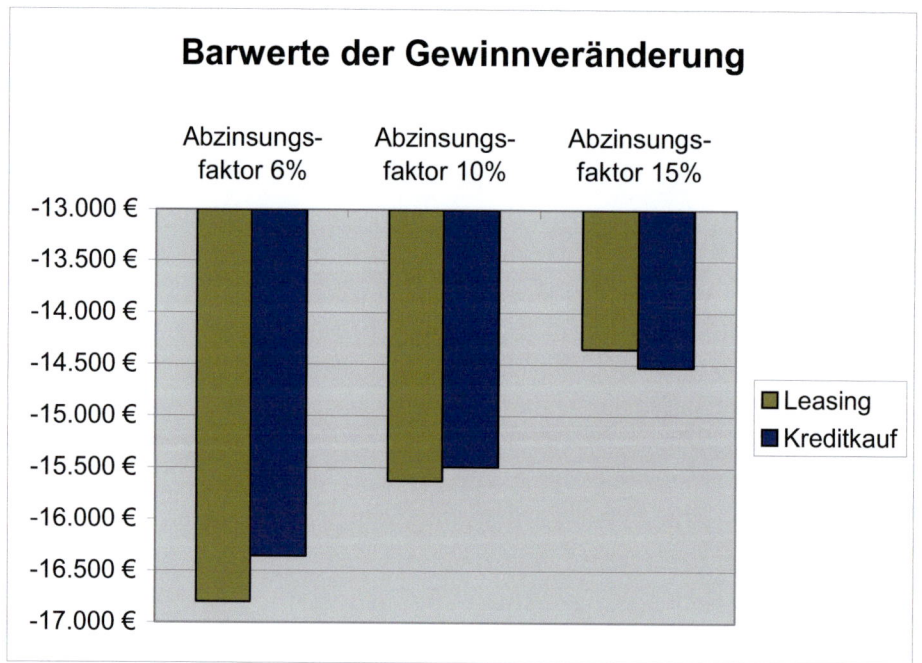

Abb. 8: Barwerte der Gewinnveränderung, Quelle: EIGENE BERECHNUNG

Der ermittelte Barwert kann betriebswirtschaftlich so verstanden werden, dass dies den Gegenwartswert der zukünftig mit der Anschaffung des Fahrzeugs verbundenen Minderung des Nachsteuergewinns darstellt, deshalb auch das negative Vorzeichen. Je geringer dieser Wert also ist, desto weniger Gewinneinbuße ist mit der Investition verbunden. Vergleicht man nun die beiden Finanzierungsvarianten, so kann allerdings keine eindeutige Vorteilhaftigkeit für die eine oder andere Alternative gefunden werden. Vielmehr sieht man, dass sich im vorliegenden Beispiel eine Vorteilhaftigkeit für den Kreditkauf bei Abzinsungsfaktoren von 6% und 10% ergibt. Wird der Abzinsungsfaktor aber mit 15% angesetzt, so ergibt sich eine Vorteilhaftigkeit für das Leasing.

Die geeignete Wahl eines Abzinsungsfaktors oder auch Kalkulationszinsfuß genannt ist dabei ein in der Literatur kontrovers diskutiertes Problem. Die Vorschläge für einen geeigneten Kalkulationszinsfuß reichen dabei von der Rendite mündelsicherer Anleihepapiere bis hin zu Erwartungen des Unternehmers an eine angemessene Eigenkapitalrendite zuzüglich eines Risikozuschlags. Das im behandelten Beispiel aufgetretene Problem, dass die Wahl des Kalkulationszinsfusses letztendlich auch die Vorteilhaftigkeit zweier Alternativen beeinflusst, wird ebenfalls beschrieben. Ein Kalkulationszinsfuß von 8% bis 10% erscheint allerdings angemessen (vgl. WÖHE 2002, 616ff. und PERRIDON/STEINER 2004, 86ff.). Von daher ergeben sich aus dem quantitativen Vergleich in diesem Beispiel leichte Vorteile für den Kreditkauf zu Ungunsten des Leasings.

Allerdings beträgt der Unterschied im Barwert zwischen den beiden Varianten im Beispiel im maximalen Fall 2,6%. Von daher kann nicht von einer wirklichen Vorteilhaftigkeit einer der beiden Varianten gesprochen werden. Vielmehr ist die individuelle Finanzierungspolitik des Unternehmens der ausschlaggebende Faktor. Beim Leasing ergibt sich z.B. eine gleichbleibende Belastung des Ergebnisses vor und nach Steuern. Beim Kreditkauf hingegen differiert die Belastung im Zeitverlauf erheblich. Dem einen Unternehmer ist eine konstante, einfach zu kalkulierende Belastung angenehmer. Der andere versucht aber vielleicht gerade durch das zeitliche Differieren der Belastung für sich einen Vorteil zu erzielen, indem er seine weiteren Investitionen und Einnahmen so steuert, dass sich im Zeitverlauf eine optimale Steuerbelastung ergibt.

Anzumerken ist, dass das Ergebnis des quantitativen Vergleichs auch sehr stark von den vorgegebenen Rahmendaten wie Steuersätze und Abschreibungsverlauf abhängt. Erhöht sich z.B. der Hebesatz für die Gewerbesteuer, so würde sich beim Kreditkauf eine stärkere Zunahme der Steuerbelastung als beim Leasing ergeben. Dadurch würde sich das Leasing tendenziell besser stellen. Im hier betrachteten Beispiel würden sich dann schon bei niedrigeren Abzinsungsfaktoren ein Vorteil für das Leasing ergeben. Auch die Abschreibungsmethode hat starken Einfluss. Die Wahl einer linearen Abschreibung z.B. würde den zeitlichen Anfall der Minderung des Betriebsergebnisses anders darstellen. Auch würde die Zuschreibung im dritten Jahr entfallen. Durch den starken Einfluss der verschiedenen Einflussfaktoren auf das Ergebnis der qualitativen Betrachtung kann von dem betrachteten Beispiel natürlich kein verallgemeinernder Schluss getroffen werden. Eine Prüfung des jeweiligen individuellen Falls ist daher immer nötig.

Für die Entscheidung für oder gegen Leasing als Finanzierungsinstrument sollte deshalb auf jeden Fall eine quantitative Betrachtung durchgeführt werden. Insbesondere vor dem Hintergrund, dass viele Hersteller Leasingkonditionen auch als absatzpolitisches Instrument nutzen. Die durch solche Maßnahmen motivierten deutlich geringeren Raten können in einer quantitativen Analyse dann den Ausschlag für das Finanzierungs-instrument Leasing geben. Hauptgründe für die Entscheidung für oder gegen Leasing werden in der Mehrzahl der Fälle aber aus anderen Überlegungen und Unternehmensstrategien kommen. Hierzu möchte noch mal auf die Aussagen bei der qualitativen Gegenüberstellung von Leasing und Kreditkauf verweisen.

6 Fazit

Im Verlauf dieser Arbeit wurde das Thema Leasing aus verschiedenen betriebswirtschaftlichen Blickwinkeln betrachtet, beginnend bei den verschiedenen Leasingarten und deren Bilanzierung über Auswirkungen des Leasings auf die Finanzierungs- und Bilanzsituation bis zu einer Gegenüberstellung von Leasing und Kreditkauf. Dabei wurden viele vorteilhafte Aspekte von Leasing identifiziert. Hier ist zunächst anzuführen, dass Leasing eine eigenkapitalschonende Finanzierungsvariante ist. Gegenüber der Eigenkapitalfinanzierung können mit den Rückflüssen aus dem finanzierten Wirtschaftsgut dessen Investitionskosten bestritten werden. Dies wird als „pay-as-you-earn-Effekt" bezeichnet. Außerdem kann durch die im Vergleich zur betriebsgewöhnlichen Nutzungsdauer kürzeren Grundmietzeit schneller auf Markt- oder Technologieänderungen reagiert werden.

Weiter sind beim Leasing die konstanten, von vornherein bekannten Raten zu nennen. Bei kredit- oder eigenkapitalfinanzierten Investitionen ist die Berechnung der Einflüsse auf das Betriebsergebnis durch eine Vielzahl von Faktoren wie Abschreibungsverläufen oder kalkulatorischen Eigenkapitalkosten abhängig. Beim Leasing kann mit der festen Rate einfach und transparent gerechnet werden und die Belastung gleichmäßig den Perioden zugeordnet werden. Auch kommt es durch den Einsatz von Leasing zu keiner Bilanzverlängerung, was sich positiv auf wichtige Bilanzkennzahlen auswirkt. Gerade im Zeitalter von Basel II ist dies ein wichtiges Argument für Unternehmen.

Zusätzlich erbringen die Leasinggesellschaften als Partner des Unternehmens oftmals weitere wichtige Serviceleistungen, die über die reine Finanzierungssituation hinausgehen. Dies reicht von der Expertise beim Kauf und der Verwertung des Objekts bis hin zu den full-service-Verträgen, bei denen die Leasinggesellschaft auch noch die komplette Wartung und Instandhaltung der Anlagen übernimmt.

Neben diesen positiven Aspekten ist aber auch anzufügen, dass Leasing tendenziell eine höhere Kostenbelastung für das Unternehmen mit sich bringt, da die der Leasinggesellschaft entstehenden Kosten inkl. deren Gewinnmarge auf den Kunden abgewälzt werden. Diese höheren Kosten werden nicht in jedem Fall durch die beim Leasing geringere Gewerbesteuerlast kompensiert. Im Falle einer Fehlinvestition ist das Unternehmen durch die unkündbare Grundmietzeit weniger flexibel. Und nach Ablauf der Grundmietzeit steht unter Umständen das Wirtschaftsgut dem Unternehmen nicht mehr zur Verfügung.

Aus dieser Aufzählung kann man ersehen, dass es bezüglich des Einsatzes von Leasing sowohl Vorteile, als auch Nachteile gibt. Die bunten Werbeversprechen der Leasingindustrie sind auf jeden Fall kritisch zu hinterfragen. Wichtig ist es, für jedes Investitionsvorhaben mehrere Alternativen miteinander zu vergleichen. Ausgewählt werden sollte dann nach qualitativen und quantitativen Gesichtspunkten diejenige Alternative, die in der Summe ihrer Vor- und Nachteile am besten zur allgemeinen Unternehmenspolitik und zur Finanzierungspolitik passt. Allerdings sollte als eine der zu prüfenden Alternativen Leasing mit in den Vergleich einbezogen werden. Denn für die Umsetzung einer geplanten und strukturierten Finanzierungspolitik bietet Leasing wie oben angesprochen einige Vorteile gegenüber anderen Finanzierungsformen.

Dem Ausspruch Aristoteles aus der Einleitung, dass der Reichtum in der Nutzung und nicht im Eigentum liegt, kann auf jeden Fall zugesprochen werden. Auf die Situation eines Unternehmens im heutigen Wettbewerb bezogen muss allerdings ergänzt werden, dass es wichtig ist, die richtigen Sachen zur richtigen Zeit zu produzieren, unabhängig davon, wem die dazu genutzten Maschinen gehören. Denn auch die beste Finanzierung kann den Unternehmenserfolg nicht sichern, wenn die Produkte oder Dienstleistungen eines Unternehmens nicht abgesetzt werden können. Aber eine gute Finanzierung kann dabei helfen, flexibel und kostengünstig auf sich ständig ändernde Wettbewerbs-einflüsse zu reagieren.

Literaturverzeichnis

AMT FÜR WIRTSCHAFTSFÖRDERUNG (2006): Amt für Wirtschaftsförderung der Stadt Köln, telefonische Auskunft vom 6.10.2006

ACHLEITNER, ANN-KRISTIN/BEHR, GIORGIO (2003): International Accounting Standards, 3., überarbeitete Auflage, München: Vahlen

BENDER, HANS (2001): Kompakt-Training Leasing, Reihe Kompakt-Training – Praktische Betriebswirtschaft, OLFERT, KLAUS (Hrsg.), Ludwigshafen: Kiehl

BRUCKNER, BERNULF u.a. (2003): Basel II – Wie Sie Ihr Unternehmen auf ein erfolgreiches Rating vorbereiten, Wien: Manz

BUNDESBANK (2004): Monatsbericht September 2004 – Neue Eigenkapitalanforderungen für Kreditinstitute (Basel II), Hrsg.: Deutsche Bundesbank, Frankfurt

BUSSE, FRANZ-JOSEPH (2003): Grundlagen der betrieblichen Finanzwirtschaft, 5., völlig überarbeitete und wesentlich erweiterte Auflage, München: Oldenbourg

DIHK (DEUTSCHER INDUSTRIE- UND HANDELSKAMMERTAG) (2003): Rating für den Mittelstand, 3., überarbeitete Auflage, Bonn: Köllen Druck + Verlag

EVERLING, OLIVER (2002): Rating für mittelständische Unternehmen, in: Praktikerhandbuch Unternehmensfinanzierung – Kapitalbeschaffung und Rating für mittelständische Unternehmen, KRIMPHOVE, DIETER/TYTKO, DAGMAR (Hrsg.), Stuttgart: Schäffer-Poeschel

GLAUM, MARTIN/MANDLER UDO (1996): Rechnungslegung auf globalen Kapitalmärkten: HGB, IAS und US-GAAP, Wiesbaden: Gabler

GONSCHOREK, DIETMAR/GONSCHOREK, TORSTEN (2005): Betriebliches Finanzmanagement, Studienbrief 1.05: Finanzplanung, -steuerung, -kontrolle – Deckung des Kapitalbedarfs über langfristiges Fremdkapital, Studienbrief der Hamburger Fern-Hochschule

HARTMANN-WENDELS, THOMAS u.a. (2002): Zukünftige Anforderungen an die Kreditvergabe, in: Praktikerhandbuch Unternehmensfinanzierung – Kapitalbeschaffung und Rating für mittelständische Unternehmen, KRIMPHOVE, DIETER/TYTKO, DAGMAR (Hrsg.), Stuttgart: Schäffer-Poeschel

IFO (Institut für Witschaftsforschung an der Universität München) (2005): Besseres Investitionsklima stärkt Leasingwachstum. Sonderdruck aus ifo Schnelldienst Nr. 23/2005, München: ifo-Institut

KARSTADTQUELLE AG (2006): Pressemitteilung vom 14.02.2006: Verkauf der Karstadt-Immobilien geht planmäßig voran, Online im Internet: „URL: http://www.karstadtquelle.com/presse/91_8146.asp [Stand: 26.8.2006]"

KARSTADTQUELLE AG (2006a): Ad-hoc-Meldung nach § 15 WpHG vom 09.09.2006, Online im Internet: „URL: http://www.karstadtquelle.com/presse/91_9155.asp [Stand: 26.8.2006]"

KRATZER, JOST (2005): Leasing kompakt – Ein Leitfaden für Banker, 1. Ausgabe, Köln: Bank-Verlag

OLFERT, KLAUS/RAHN, HORST-JOACHIM (1997): Lexikon der Betriebswirtschaftslehre, 2., durchgesehene Auflage, Ludwigshafen: Kiehl

OLFERT, KLAUS/REICHEL, CHRISTOPHER (2005): Finanzierung, 13. Auflage, Ludwigshafen: Kiehl

O. VERF. (2006): Basel II droht an USA zu scheitern, in: FINANCIAL TIMES DEUTSCHLAND, Ausgabe vom 19. September 2006, S. 19

PELLENS, BERNHARD/FÜLBIER, ROLF UWE/GASSEN, JOACHIM (2004): Internationale Rechnungslegung: IFRS/IAS mit Beispielen und Fallstudie, 5. Auflage, Stuttgart: Schäffer-Poeschel

PERRIDON, LOUIS/STEINER, MANFRED (2004): Finanzwirtschaft der Unternehmung, 13. Auflage, München: Vahlen

PRANGENBERG, ARNO (2000): Konzernabschluss international: Grundlagen und Einführung in die Bilnzierung nach HGB, US-GAAP und IAS, Stuttgart: Schäffer-Poeschel

RÖHRENBACHER, HANS/FLEISCHER, WERNER (1995): Leasing versus Kredit: eine umfassende betriebswirtschaftliche Analyse, 2., wesentlich überarbeitete Auflage, Wien: Wirtschaftsverlag

SCHROEN, OLIVER CHRISTIAN (2002): Steuerlehre, Studienbrief 4: Gewerbesteuer, Studienbrief der Hamburger Fern-Hochschule

SCHULZ, HORST-GÜNTHER (2006): Leasing – Impulsgeber für die deutsche Wirtschaft. In: ASSCOMPACT – Fachmagazin für Risiko- und Kapitalmanagement, Jg. 2006, H. 8, S.104 – 105

SELCHERT, F.W./ERHARDT F.M. (2003): Internationale Rechnungslegung – Der Jahresabschluss nach HGB, IAS und US GAAP, 3. völlig neu bearbeitete und erweiterte Auflage, München: Oldenbourg

SEIDEL, UWE M. u.a. (2003): Rating – Prinzipien, Erfahrungen, Empfehlungen, Hrsg.: Internationaler Controller Verein e.V., Offenburg: Verlag für Controllingwissen AG

SPITTLER, HANS-JOACHIM (1999): Leasing für die Praxis, 5., erw. Auflage, Köln: Deutscher Wirtschaftsdienst

WÖHE, GÜNTER (2002): Einführung in die Allgemeine Betriebswirtschaftslehre, 21. Auflage, München: Vahlen

Anlagen

Anlage 1: Abschreibungsverlauf des PKW, Quelle: EIGENE BERECHNUNG

Kaufpreis 46.900 €
Nutzungsdauer 6 Jahre

Abschreibungsverlauf degressiv (30%)

Jahr	Buchwert zum Jahresanfang	Abschreibung	Buchwert zum Jahresende
1	46.900,00 €	14.070,00 €	32.830,00 €
2	32.830,00 €	9.849,00 €	22.981,00 €
3	22.981,00 €	6.894,30 €	16.086,70 €

Anlage 2: Übersicht über den Verlauf der Fahrzeugfinanzierung, Quelle: BMW Bank GmbH und Eigene Berechnungen

Kaufpreis	46.900,00 €	Laufzeit	36 Monate
Rate	888,17 €	KM-Leistung	20.000 km / Jahr
Zins nom. p.a.	5,8167%	Schlussrate in bar oder gegen Rücknahme des	
Zins eff. p.a.	6,9900%	Fahrzeugs (Restwert bei angegebener KM-Leistung	
Bearbeitungsgebühr	938,00 €	garantiert)	
Schlussrate	22.981,00 €		

Jahr	Anfangsstand	Zahlungen	Zinsen	Gebühren	Tilgung	Endstand
1	47.838 €	10.658 €	2.569 €	938 €	8.089 €	39.749 €
2	39.749 €	10.658 €	2.086 €	0 €	8.572 €	31.177 €
3	31.177 €	32.751 €	1.574 €	0 €	31.177 €	0 €
Summe		**54.067 €**	**6.229 €**	**938 €**	**47.838 €**	

Monat	Anfangsstand	Zahlungen	Zinsen	Gebühren	Tilgung	Endstand
1	47.838,00 €	888,17 €	231,88 €	938,00 €	656,29 €	47.181,71 €
2	47.181,71 €	888,17 €	228,70 €	0,00 €	659,47 €	46.522,24 €
3	46.522,24 €	888,17 €	225,50 €	0,00 €	662,67 €	45.859,58 €
4	45.859,58 €	888,17 €	222,29 €	0,00 €	665,88 €	45.193,70 €
5	45.193,70 €	888,17 €	219,07 €	0,00 €	669,10 €	44.524,60 €
6	44.524,60 €	888,17 €	215,82 €	0,00 €	672,35 €	43.852,25 €
7	43.852,25 €	888,17 €	212,56 €	0,00 €	675,61 €	43.176,64 €
8	43.176,64 €	888,17 €	209,29 €	0,00 €	678,88 €	42.497,76 €
9	42.497,76 €	888,17 €	206,00 €	0,00 €	682,17 €	41.815,59 €
10	41.815,59 €	888,17 €	202,69 €	0,00 €	685,48 €	41.130,11 €
11	41.130,11 €	888,17 €	199,37 €	0,00 €	688,80 €	40.441,31 €
12	40.441,31 €	888,17 €	196,03 €	0,00 €	692,14 €	39.749,16 €
13	39.749,16 €	888,17 €	192,67 €	0,00 €	695,50 €	39.053,67 €
14	39.053,67 €	888,17 €	189,30 €	0,00 €	698,87 €	38.354,80 €
15	38.354,80 €	888,17 €	185,92 €	0,00 €	702,25 €	37.652,55 €
16	37.652,55 €	888,17 €	182,51 €	0,00 €	705,66 €	36.946,89 €
17	36.946,89 €	888,17 €	179,09 €	0,00 €	709,08 €	36.237,81 €
18	36.237,81 €	888,17 €	175,65 €	0,00 €	712,52 €	35.525,29 €
19	35.525,29 €	888,17 €	172,20 €	0,00 €	715,97 €	34.809,32 €
20	34.809,32 €	888,17 €	168,73 €	0,00 €	719,44 €	34.089,88 €
21	34.089,88 €	888,17 €	165,24 €	0,00 €	722,93 €	33.366,95 €
22	33.366,95 €	888,17 €	161,74 €	0,00 €	726,43 €	32.640,52 €
23	32.640,52 €	888,17 €	158,22 €	0,00 €	729,95 €	31.910,57 €
24	31.910,57 €	888,17 €	154,68 €	0,00 €	733,49 €	31.177,08 €
25	31.177,08 €	888,17 €	151,12 €	0,00 €	737,05 €	30.440,03 €
26	30.440,03 €	888,17 €	147,55 €	0,00 €	740,62 €	29.699,41 €
27	29.699,41 €	888,17 €	143,96 €	0,00 €	744,21 €	28.955,20 €
28	28.955,20 €	888,17 €	140,35 €	0,00 €	747,82 €	28.207,39 €
29	28.207,39 €	888,17 €	136,73 €	0,00 €	751,44 €	27.455,94 €
30	27.455,94 €	888,17 €	133,09 €	0,00 €	755,08 €	26.700,86 €
31	26.700,86 €	888,17 €	129,43 €	0,00 €	758,74 €	25.942,11 €
32	25.942,11 €	888,17 €	125,75 €	0,00 €	762,42 €	25.179,69 €
33	25.179,69 €	888,17 €	122,05 €	0,00 €	766,12 €	24.413,58 €
34	24.413,58 €	888,17 €	118,34 €	0,00 €	769,83 €	23.643,74 €
35	23.643,74 €	888,17 €	114,61 €	0,00 €	773,56 €	22.870,18 €
36	22.870,18 €	22.981,00 €	110,86 €	0,00 €	22.870,14 €	0,04 €

Anlage 3: Entwicklung des Nachsteuerergebnisses beim Leasing, Quelle: EIGENE BERECHNUNGEN

Jahr	Gewinn vor Steuern alt	Jahresrate Leasing	Gewinn vor Steuern neu	Körperschaftsteuer alt	Körperschaftsteuer neu	Gewerbesteuer alt	Gewerbesteuer neu	Differenz Körperschaftsteuer	Differenz Gewerbesteuer
1	60.000,00 €	11.373,00 €	48.627,00 €	15.825,00 €	12.825,37 €	11.020,41 €	8.931,49 €	-2.999,63 €	-2.088,92 €
2	60.000,00 €	11.373,00 €	48.627,00 €	15.825,00 €	12.825,37 €	11.020,41 €	8.931,49 €	-2.999,63 €	-2.088,92 €
3	60.000,00 €	11.373,00 €	48.627,00 €	15.825,00 €	12.825,37 €	11.020,41 €	8.931,49 €	-2.999,63 €	-2.088,92 €

Jahr	Differenz Gewinn nach Steuern	abgezinst 6%	abgezinst 10%	abgezinst 15%
1	-6.284,45 €	-5.928,73 €	-5.713,14 €	-5.464,74 €
2	-6.284,45 €	-5.593,14 €	-5.193,76 €	-4.751,95 €
3	-6.284,45 €	-5.276,55 €	-4.721,60 €	-4.132,13 €
	Barwert gesamt	-16.798,42 €	-15.628,50 €	-14.348,82 €

Anlage 4: Entwicklung des Nachsteuerergebnisses beim Kreditkauf, Quelle: EIGENE BERECHNUNGEN

Jahr	Gewinn vor Steuern alt	Zinsen und Gebühren	Abschreibungen	Zuschreibungen aus Verkaufserlös	Gewinn vor Steuern neu	Körperschaftssteuer alt	Körperschaftssteuer neu	Gewerbesteuer alt	Gewerbesteuer neu
1	60.000,00 €	3.507,00 €	14.070,00 €	0,00 €	42.423,00 €	15.825,00 €	11.189,07 €	11.020,41 €	8.114,05 €
2	60.000,00 €	2.086,00 €	9.849,00 €	0,00 €	48.065,00 €	15.825,00 €	12.677,14 €	11.020,41 €	9.019,84 €
3	60.000,00 €	1.574,00 €	6.894,30 €	6.894,30 €	58.426,00 €	15.825,00 €	15.409,86 €	11.020,41 €	10.875,86 €

Jahr	Differenz Körperschaftsteuer	Differenz Gewerbesteuer	Differenz Gewinn nach Steuern	abgezinst 6%	abgezinst 10%	abgezinst 15%
1	-4.635,93 €	-2.906,36 €	-10.034,71 €	-9.466,71 €	-9.122,46 €	-8.725,83 €
2	-3.147,86 €	-2.000,57 €	-6.786,57 €	-6.040,03 €	-5.608,74 €	-5.131,62 €
3	-415,14 €	-144,55 €	-1.014,31 €	-851,63 €	-762,06 €	-666,92 €
			Barwert gesamt	-16.358,36 €	-15.493,26 €	-14.524,38 €